曹文轩 编

文大课堂

春之怀谷

明天出版社·济南

图书在版编目（CIP）数据

春之怀谷 / 曹文轩编. —济南：明天出版社，2020.6
（人文大课堂）
ISBN 978-7-5708-0692-8

Ⅰ.①春… Ⅱ.①曹… Ⅲ.①阅读课－小学－课外读物
Ⅳ.①G624.233

中国版本图书馆CIP数据核字（2020）第064037号

策划组稿　刘义杰
责任编辑　丁淑文
美术编辑　赵孟利
装帧设计　千　秋
封面绘画　陈　然

人文大课堂　*春之怀谷*

曹文轩 编　沈秀英 导读

出 版 人　傅大伟
出版发行　山东出版传媒股份有限公司
　　　　　明天出版社
　　　　　山东省济南市市中区万寿路19号　　　邮编：250003
　　　　　http://www.sdpress.com.cn　http://www.tomorrowpub.com
经　　销　新华书店
印　　刷　山东德州新华印务有限责任公司
版　　次　2020年6月第1版
印　　次　2020年6月第1次印刷
规　　格　170毫米×240毫米　16开　157千字
印　　张　12.75
印　　数　1–30000
I S B N　978-7-5708-0692-8
定　　价　25.00元

如有印装质量问题　请与出版社联系调换。
电话：0531-82098710

目录

■ 人生

■ 历史

■ 情感

■ 道德

序

曹文轩

　　在明天出版社成功出版了"大语文"这一套语文读本之后，我一直想再为中小学生编一套人文读本。明天出版社得知我的这一想法，这几年就一直关注着，时不时地提醒着我，并越来越强烈地表示了他们想出这样一套读本的愿望。到了后来，就变成了和风细雨式的不住叮咛和催促了。他们的耐心和诚意，使我不得不停下我更想做的事情而考虑早点完成他们希望的这套读本。说老实话，无论是从何种意义上说，我更多的心思永远是在创作和学术上——我有太多的小说、太多的图画书和太多的话题要写、要做。其实，我还有其他一些很好的选题可以编书，但心思就是难以落脚到编书上，尽管我在理智上很清楚编这些书的意义绝不亚于我出版新的小说、新的图画书和学术著作。很像一只鸟，那边明明也有一片风景优美的林子，可是就是只想在它喜欢的林子里流连鸣叫。如果明天出版社的朋友们稍微放松一点他们的执着、他们的孜孜不倦，这事也就不知道到猴年马月才能"梦想成真"了。后来他们很绅士地"打上门来"了，我当场答复：现在我就开始。我要在这里感谢明天出版社，没有他们的一心一意、他们的苦口婆心、他们的密切配合，根本不可能有这10册书。

　　那段时间，我放下手头的一切，全心全意投入编选。

我告诉自己也告诉明天出版社的朋友：要编就编一套像样的读本。首先，面孔要新，不是将已有的各种各样的选本拿过来加以筛选、重组，凑合凑合就完事。那些天，我将我曾经看过的书、文章一一回忆，我要将那些适合中小学生阅读的文本一一找出来，于是我不停地翻书。因为时间久远，对许多文章的记忆已经模糊，就只隐隐约约地记得这些文本曾经让我喜欢过，可是已经说不清楚当时为什么喜欢了，更不能确定这些曾让我喜欢过的文本是否适合提供给中小学生阅读。我必须得回头一一重读、审视、斟酌。可是，我平时看书的习惯是随看随丢的，现在要找到它们，就很困难。我的藏书量不算大，可也不算小，这些书毫无章法地分别存放在好几处，即使能记得哪篇文章在哪本书中，却已记不得那本书此时究竟身在何处了。一连许多天，我都在焦虑地寻找。大家将会看到，选在这10本书中的一些文章是从一些专著中节选出来的，可是要在一部很久之前看过的数十万言的著作中找出那几千字所在的位置，谈何容易！在寻找这些书、这些文字的日子里，我几次想到博尔赫斯的著名作品《沙之书》。那是一本没头没尾的给主人公带来无尽烦恼的书，他必须要将它立即处理掉才能得以安宁。可是怎么样才能做到再也找不到它呢？他想起了一句古老的谚语：将一片树叶藏起来，从而永远也找不到它的最好办法就是将它丢进树林里。于是主人公将《沙之书》藏到了阿根廷国家图书馆的一个角落里，从此再也找不到了。与阿根廷国家图书馆的藏书量相比，我的那点书不过是九牛一毛、沧海一粟。但，要将一本随意丢放的书找出来，也还是有一定难度的，而我又是一个常常为找一件东西而浑身出冷汗甚至会要呕吐的人，所以在那些天，我经常处在望书兴叹、烦恼不已的状态。终于差不多找到了这些书——事实上，还有一些书至今也未能找到，我想它们也许永远也找不到了，或许是被人借去不还了，或许是被一些书痴朋友窃为己有了，或许藏在什么角落里。我将那些找到的文字细细回读，觉得不错就压上纸条，接下来的几天，就是复印，因为复印量太大，我索性将其中一部分装进纸箱交由顺丰快件寄到明天出版社，麻烦他们分担一部分复印任务。

等这些文本一一确定下来并大致编成10册之后，我逐一细看目录，颇感欣慰：不敢说每篇都是无可争辩的精品，但从整体上看，面目却是很新的。我敢说，其中大量篇章从未出现在任何名目的为中小学生编选的选本之中。因为，它们出自于我个人的阅读记忆和价值认可。

我从事文学研究和文学写作，但阅读从一开始就不怎么专业。最近我在给中小学生讲阅读方法时，讲了"细读""速读""跳读""信读""疑读"，又讲了"乱读"——如果大家觉得"乱读"不好听，就称之为"泛读"吧——广泛地读。我几十年所读的书直接与文学有关的，大致上算了一下，所占的比例充其量也就在百分之十五左右。我是一个什么书都看的人，当然，这里说"什么书都看"，不是说不分好赖、啥品质的书都看，我看书还是颇为讲究的，我说什么书都看，是指与文学学科并列的其他学科的书也看，而且一定是看那些学科的经典和具有经典性的书。这种"乱读"，倒是无意中成全了这套人文读本，因为"人文"是一个涵盖面很宽广的概念，它涵盖哲学、伦理学、政治学、历史学、心理学、经济学、人类学、语言学等多个学科。读者们看到这10册书的栏目就能感受到这一点。

"人文"至少是一个远远大于"语文"概念。语文教材所选的文本，得由始至终地从语文的角度去选，因此进入语文课本的文本百分之六十以上是文学类的——自有语文以来，基本上保持这个比例。就中国语文教科书而言，新课标出台之后，文学作品所占的比例非但没有下降，反而进一步提升，有百分之七十左右。之所以如此，其中一个最重要的原因就是：语文的根本任务在于培养学生的语言文字能力——这是人的基本能力，而文学的语言是丰富多彩的。相对于其他文类，比如说论说文，文学作品有书面语又含有口语，而论说文通常是与口语"切割"的。文学作品中的动词、形容词的丰富性大概也是其他文类难以相比的。文学作品使用了几乎一切修辞方式，并由于它的积极修辞态度，从而使语言的神奇与魅力令人感叹不已。语文的这一不可更改的规定性——这是必需的，无形之中就造成一个事实：文学以外的其他学科的文本只能少量进入语文教科书，而大量流于语文课本之外。又因为语文教科书的体量，即使符合"语文"的文本，也只能成百上千地舍弃。只有语文课本所需要的极小阅读量，其实是不可能有效地培养学生的语言文字能力的，必须要有课外的语文读本加以补充和弥补，所以我带领我的学生优中选优地编了"大语文"。这套书的编选目的很清楚：为了更好地学好语文。

而一个人的成长除了语言文字能力的培养，还需要人文素质的全面培养，他需要阅读"人文"名下的大量文本——有良好的人文素质，我们才可以谈论健全的人格。这就让我产生了编选一套人文读本的念头——这个念头一直潜伏在心底深处。这也是我们同心协力编一套人文读本的共同理由。它将会与"大语文"遥相呼应，成为我个人编书史上两座城堡。

再次谢谢明天出版社的领导和编辑们。

2020年4月27日于北京橡树湾

哲学

每每论及"哲学"，大家往往采取敬而远之的态度。似乎哲学专属于象牙塔中的学者，或者那些令人仰望的古代贤哲。似乎哲学就意味着厚重的大部头的理论著作，意味着佶屈聱牙的逻辑词句，很难与我们的现实生活发生联系。哲学真的跟我们普通人的生活无关吗？答案是否定的。本单元所选的文章，分别来自五位中外名家，通过他们的文章，我们发现哲学如此广泛地存在于我们生活的方方面面，我们关于生命和世界的思考、交流，从来不曾脱离哲学。这些关于哲学的文章轻松活泼，加深了我们对于哲学的认识，引导我们做一个有智慧的人。

面　具①

［黎巴嫩］纪伯伦 著　苍耳 译

你问我是怎么变成疯子的？事情是这样发生的：有一天，远在众神降生以前，我从一次沉睡中醒来，发现我所有的面具都被偷了——七个我必须在七种生活里塑造自己的面具。我没戴面具奔跑着穿过拥挤的街道大喊："小偷，小偷，该死的小偷！"

男人和女人嘲笑我，有些人（看到我没戴面具的样子）害怕地跑进他们的房子里。

当我跑到闹市，一个年轻人站在房顶上大声说："他是个疯子。"我抬起头看他，太阳第一次亲吻了我裸露的脸。第一次，太阳亲吻了我裸露的脸，我的灵魂因为对太阳的爱燃烧起来，我再也不想要我的面具了。就像着魔一样我喊道："保佑，把福气给偷走我面具的贼吧。"

于是我成了疯子。

我在疯狂中找到了自由和安全，孤独的自由和被理解的安全，因为那些理解我们的人奴役了我们。

但我不想为了这种安全而骄傲，因为一个在监狱里的小偷也比别的小偷安全。

①选自［黎巴嫩］纪伯伦《先知》

导读

　　纪伯伦（1883—1931）是黎巴嫩著名诗人和作家，阿拉伯文学的主要奠基人，20世纪阿拉伯新文学道路的开拓者之一。他是20世纪与泰戈尔同样伟大的东方诗人，主要作品有散文诗集《泪与笑》《先知》《沙与沫》等。

　　《先知》是其代表作，它给诗人带来了世界性的声誉。这部诗集优美深刻，清新的笔调、隽永的语言和瑰丽的想象之下蕴藏着无数深刻的哲理！

　　《面具》中的世界是荒谬的，生活于其中的人戴着面具是"正常"的，失去面具则会被嘲笑，甚至被视为"疯子"。然而赤裸脸庞的"我"再也不想遮掩自己的脸了，因为大自然的爱最让人迷醉！

至少我了解这些……①

[美] 梭罗 著　徐迟 译

　　我离开森林，就跟我进入森林，有同样的好理由。我觉得也许还有好几个生命可过，我不必把更多时间来交给这一个生命了。惊人的是我们很容易糊里糊涂习惯于一种生活，踏出一条自己的固定轨迹。在那儿住了不到一星期，我的脚就踏出了一条小径，从门口一直通到湖滨。距今已有五六年了，这小径依然还在。是的，我想是别人也走了这条小径了，所以它还在通行。大地的表面是柔软的，人脚留下了踪迹；同样的是，心灵的行程也留下了路线。因此可以想象，人世的公路如何给践踏得尘埃蔽天，传统和习俗形成了何等深的车辙！我不愿坐在舱房里，宁肯站在世界的桅杆前与甲板上，因为从那里我更能看清群峰中的皓月。我再也不愿意下到舱底去了。

　　至少我是从实验中了解这个的：一个人若能自信地向他梦想的方向行进，努力经营他所向往的生活，他是可以获得通常意想不到的成功

---

①选自《瓦尔登湖》，吉林人民出版社，1997年版。

的。他将要越过一条看不见的界线，他将要把一些事物抛在后面；新的、更广大的、更自由的规律将要开始围绕着他，并且在他的内心里生根发芽；或者旧有的规律将要扩大，并在更自由的意义里得到有利于他的新解释，他将要拿到许可证，生活在事物的更高级的秩序中。他自己的生活越简单，宇宙的规律也就显得越简单，寂寞将不成其为寂寞，贫困将不成其为贫困，软弱将不成其为软弱。如果你造了空中楼阁，你的劳苦并不是白费的，楼阁应该造在空中，只是要把基础放到它们的下面去。

导读

　　梭罗（1817—1862），美国作家、思想家、自然主义者和哲学家。他一生支持废奴运动，强调亲近自然，追求"简单些，再简单些"的质朴生活，提倡短暂人生因思想丰盈而臻于完美。著作包括《瓦尔登湖》等。

　　梭罗的瓦尔登之旅就是一场"由自然带路"的生命实验。梭罗在瓦尔登湖边自建小木屋，自耕自食。之后推出了散文集《瓦尔登湖》，在四季循环更替的过程中，向我们展现了自然的魅力，描绘出人与自然和谐共生的理想生存状态。《至少我了解这些……》出自《瓦尔登湖》的结束语部分。梭罗通过实验体悟到，当物质生活发展到一定阶段，人类如果想获得更丰富的精神生活，就必须在返璞归真中体验生命的真谛。

读永恒的书①

周国平 著

  人类所创造的精神财富是通过各种物质形式得以保存的，其中最重要的一种形式就是文字。因而，在我们日常的精神活动中，读书便占据着很大的比重。据说最高的境界是无文字之境，真正的高人如同村夫野民一样是不读人间之书的，这里姑且不论。一般而言，我们很难想象一个关注精神生活的人会对书籍毫无兴趣。尤其在青少年时期，心灵世界的觉醒往往会表现为一种勃发的求知欲，对书籍产生热烈的向往。"我扑在书籍上，就像饥饿的人扑在面包上一样。"高尔基回忆他的童年时所说的这句话，非常贴切地表达了读书欲初潮来临的心情。一个人在早年是否经历过这样的来潮，在一定程度上透露和预示了他的精神素质。

  然而，古今中外，书籍不计其数，该读哪些书呢？从精神生活的角度出发，我们也许可以极粗略地把天下的书分为三大类。一是完全不可读的书，这种书只是外表像书罢了，实际上是毫无价值的印刷垃圾，不

---

①选自《阅读与作文(高中版)》，2005年Z2期，长春出版社。

能提供任何精神的启示、艺术的美感或有用的知识。在今日的市场上，这种以书的面目出现的假冒伪劣产品比比皆是。二是可读可不读的书，这种书读了也许不无益处，但不读却不会造成重大损失和遗憾。世上的书，大多属于此类。我把一切专业书籍也列入此类，因为它们只对于有关的专业人员来说才可能是必读书，对于其余人却是不必读的，至多是可读可不读的。三是必读的书。所谓必读，是就精神生活而言，即每一个关心人类精神历程和自身生命意义的人都应该读，不读便会是一种欠缺和遗憾。

应该说，这第三类书在书籍的总量中只占极少数，但绝对量仍然非常大。它们实际上是指人类文化宝库中的那些不朽之作，即所谓经典名著。对于这些伟大作品不可按学科归类，不论它们是文学作品还是理论著作，都必定表现了人类精神的某些永恒内涵，因而具有永恒的价值。在此意义上，我称它们为永恒的书。要确定这类书的范围是一件难事，事实上不同的人就此开出的书单一定会有相当的出入。不过，只要开书单的人确实有眼光，就必定会有一些最基本的好书被共同选中。例如，他们绝不会遗漏掉《论语》《史记》《红楼梦》这样的书，不会漏掉柏拉图、莎士比亚、托尔斯泰这样的作家。

在我看来，真正重要的倒不在于你读了多少名著，古今中外的名著是否读全了，而在于要有一个信念，便是非最好的书不读。有了这个信念，即使你读了许多并非最好的书，你仍然会逐渐找到那些真正属于你的最好的书，并且成为它们的知音。事实上，对于每个具有独特个性和追求的人来说，他的必读书的书单决非照抄别人的，而是在他自己阅读的过程中形成的，这个书单本身也体现了他的个性。正像罗曼·罗兰在谈到他所喜欢的音乐大师时说的："现在我有我的贝多芬了，犹如已经有了我的莫扎特一样。一个人对他所爱的历史人物都应该这样做。"

费尔巴哈说：人就是他所吃的东西。至少就精神食粮而言，这句话是对的。从一个人的读物大致可以判断他的精神品级。一个在阅读和沉思中与古今哲人或文豪倾心交谈的人，与一个只读明星逸闻或凶杀故事的人，他们当然有着完全不同的内心世界。我甚至要说，他们也是生活在完全不同的外部世界上，因为世界本无定相，它对于不同的人呈现不同的面貌。列车上，地铁里，我常常看见人们捧着形形色色的小报，似乎读得津津有味，心中不免为他们惋惜。天下好书之多，一辈子也读不完，岂能把生命浪费在读这种无聊的东西上。我不是故作清高，其实我自己也曾拿这类流行报刊来消遣，但结果总是后悔不已。读了一大堆之后，只觉得头脑里乱糟糟又空洞洞，没有得到任何有价值的东西。歌德做过一个试验，半年不读报纸，结果他发现，与以前天天读报相比，没有任何损失。所谓新闻，大多是过眼烟云的人闹的一点儿过眼烟云的事罢了，为之浪费只有一次的生命确实是不值得的。

导读

　　周国平，1945年生于上海。当代知名学者、作家，中国研究哲学家尼采的著名学者之一。著有学术专著《尼采：在世纪的转折点上》，散文集《爱与孤独》等。

　　周国平的散文既有文采又有哲思，长于用文学的形式谈哲学，既富有思想者的睿智，又不乏普通人的体验，引导读者深入思考。作为一个哲学家，周国平很看重人的精神世界。这篇散文就是告诉我们如何为自己的精神生活选择精神食粮，他把书籍分为三类：完全不可读之书，可读不可读之书，必读之书。能提高人的精神品级的是第三类书籍，人类文化宝库中的不朽之作，即经典名著。希望读者朋友们在读完这篇文章后能树立起"非好书不读"的信念。

习　惯①

[美] 威廉·詹姆斯 著　李春江 译

　　"习惯乃第二天性！习惯是十倍的天性。"据说威灵顿公爵曾做此论断，此语的真切之处，唯老兵领悟最深。日复一日的严格操练，年复一年的纪律约束，影响了他们的大多数行为，造就了全新的人。

　　"有这样一则故事，未必真实，却也可信。有人搞恶作剧，看见一位退伍老兵拿着晚餐回家，突然大喊：'立正！'那老兵闻声竟然立即垂臂而立，结果，手中的羊肉和土豆都掉进了地沟。由此可见，军营的训练多么彻底，其影响已经深入老兵的神经结构之中。"

　　在许多战役中，曾看到无人骑乘的战马集合起来，在战斗的号角声中继续进行日常演练的动作。多数经过驯化的动物，如狗、牛和驾车的马匹，简直就像机器一样，纯粹而简单，时时刻刻在完成人类教给它们的活计，既不置疑，也不犹豫，也没有迹象看出头脑中有什么其他想法。在监狱中渐渐老去的犯人，获释后竟请求重返狱中。1884年，美国

①选自《心理学原理》，中国城市出版社，2010年版。

一个行进中的野生动物兽笼遭遇了一场铁路交通事故，据说一只老虎从被撞开的虎笼中逃脱，但似乎是对新的生活感到恐惧，很快就返回笼中，因此把这只老虎重新关好不费吹灰之力。

因此，习惯是社会巨大的飞轮，也是社会最宝贵的守护力量。习惯，使我们服从法律的约束，使财富的宠儿免遭心存妒忌的贫民暴动的侵扰。习惯，使处境最为艰难、最令人嫌恶的社会阶层免于被那些原本要对其肆意践踏的人们抛弃。它使渔夫和水手在海上度过严冬，使矿工甘处黑暗之中，使农夫固守在小木屋中和孤零零的农场上，度过冰天雪地的季节。它保护我们免遭沙漠和冰封地带土著的入侵。它使我们注定要凭借所接受的养育或者早年的选择开展生命的战役，尽力实现不合时宜的追求，因为除此之外，我们别无选择，而且重新来过已经为时太晚。它使不同的社会阶层彼此隔绝。到了二十五岁，在年轻的商旅人士、医生、牧师、律师身上，可以看到职业行为方式已经根深蒂固了。你会看到一道道印迹贯穿他们的性格、思路、偏见、行为方式，总而言之，这个年轻人渐渐地无法挣脱，就像衣袖上无法立即形成新的褶皱一样。总的来说，他最好还是不要挣脱。我们多数人到了三十岁，性格已经像石膏一样凝固定型，不会再软化松动了。对世界来说，这也是件好事。

如果说二十到三十岁之间是形成思维和专业习惯的关键阶段，那么二十岁以下对于所谓个人习惯的定型是更加重要的，比如声调、发音、手势、动作以及称呼方式。二十岁后习得的语言难免会带有外国口音。进入自己本不属于的上流社会的青年人，几乎无法丢弃成长过程中养成的鼻音或者其他不良语言习惯。甚至无论口袋里揣了多少金钱，他都学不会如何像一位天生的绅士那样穿衣打扮。尽管商人像对待社会精英一样热情地向他推销商品，但是他总是无法买到恰当的商品。像引力一样强大的无形法则，使他无法脱离自己的轨道，年复一年地穿着同样的衣装。而出身高贵的人们如何选择他们身上的衣服，这对他来说是一个谜，至死都无法解开。

所有教育的重要之处，就是让神经系统成为我们的朋友，而不是敌人。对我们习得的技能，它会提供支持与帮助，并与其带来的收益安然共处。因此，我们必须尽早地使尽可能多的有益行为成为自动、习惯的活动，像防范瘟疫一样防止不利的做法形成固定模式。日常生活中越多的具体事务交给毫不费力的自动监管，我们思想的力量就会更多地得以释放，发挥其应有的作用。最可怜的人只有一种习惯：犹豫。无论是点燃一只雪茄，品尝一杯美酒，还是每天的作息时间，怎样开始每一件工作，都要经过深思熟虑。有些事本该习惯成自然，根本不应察觉到它们的存在，而这种人却把一半时间花在做决定或者后悔上。各位读者，如果您的日常工作还没有潜移默化地成为自己的一部分，就从此刻开始改正吧。

在《道德习惯》一章中，贝恩教授提出了令人钦佩的中肯的评论。他的解决方案阐明了两大准则。第一个准则是，在获取一个新习惯或者抛弃一个旧习惯时，我们必须尽可能果断而坚决地全力以赴。尽可能多地创造有利于强化正确动机的情形；刻意把自己置身于鼓励新做法的条件之中；使自己的精力与旧做法互不相容；在条件允许的情况下采取公开承诺……总之，利用你所知道的一切手段来辅助你的决定。这将给你崭新的开端带来巨大动力，半途而废的诱惑不会那么快出现；打破习惯的日子多坚持一天，这种诱惑再次出现的机会就减少一分。

第二条准则是，新习惯没有在你的生命中根深蒂固之前，不要容许例外发生。每次松懈就像把手中正在仔细缠绕的线团松开；一次失误需要多倍的努力才能弥补。持续训练是唯一确保神经系统正确行动的重要方法。正如贝恩教授所说：

"与获取知识显著不同，道德习惯的特别之处是存在两种敌对的力量，若一种力量逐渐占上风，便会压倒另一种力量。在这种情况下，首先必须做到的就是一场战役也不要输掉。错误的一方一旦获胜，就会把正确一方多次取得的成果消耗殆尽。因此，必须慎重调整这两种敌对的力量，让正确一方不断取得一个又一个成功，直到多次重复使其得以巩固，以便无论在任何情况下，都能与敌对力量抗衡。理论上来说，这是思想进步的最佳历程。"

在起步阶段，必须确保成功。若开局失利，将会消弭未来努力的能量，反之，前期的成功会使人未来精力充沛。有人向歌德咨询一项事业，却怀疑自己的能力，歌德对他说："嗨！你只要往手上吹口气就行了！"这句话说明了事业上习惯性的成功，对于歌德的情绪态度产生了深远的影响。我是从鲍曼教授那里听到这则轶事的，他说欧洲人到来的时候，原住民便土崩瓦解了，这是因为他们悲观绝望，而新来的欧洲人却在面临生命中重要的任务时充满了求胜的信心。旧模式被打破了，而新模式还未建立起来。

戒除酗酒、吸毒之类的陋习时，"渐进式"方案带来了一些问题。对此，专家们存在一定分歧，也未就具体案例的最佳方案达成共识。但总体来说，所有专家都会同意，如果确有可能坚持下去，迅速养成一个新习惯是最佳方法。我们一定要注意，不要让意志面临一个一开始就注定会失败的艰巨任务。无论是戒除吸食鸦片的习惯，还是仅仅改变作息时间，如果能够经受考验，最佳的处理方法是先忍受一段痛苦时期，然后再经历一段自由时期。如果欲望不能得到满足，它很快就会因饥饿而消亡，这真是令人惊奇。

在没有"脱胎换骨"之前，必须首先学会心无旁骛，不要左顾右盼，只管在笔直而狭窄的小路上稳步前行。每天下一个新的决心，就如同每次跑到准备跨越的壕沟边缘时，都会停下脚步，转身再次助跑。若没有持续的前进，就不会有道德力量的积聚。要做到这点，践行并习惯此道，唯有通过持续的努力。"

除了前面的两个准则之外，还可以增加第三条准则：每当做出决定后，每逢产生有助于形成所渴望的习惯的情绪时，就抓住第一个机会立即行动。决定和渴望把新的"习惯模式"传递给大脑，并不是发生在它们形成之时，而是在产生行动效果之际。正如前面所引的作家所说：

"实际机会的出现，为杠杆提供了支点，通过它，道德意志可以增加其力量，把自己高高举起。而不能为支点提供坚实支撑的人，只会停留在空洞摆姿态的阶段。"

一个人不论信奉多少准则，也不论思想多么敏锐，若不抓住每个机会采取行动，其个性将无缘改善。仅仅有良好的意愿，如谚语所说，就会铺就一条通向地狱之路。这是我们制定的原则会带来的显而易见的结果。正如J.S.密尔所说，"性格是得到完全塑造的意志"。意志，在他所指的意义上，是在生活中遇到的所有紧急情况下，所采取的一切坚定、明确的行动倾向。行动的倾向在我们心中根深蒂固的程度，与行动实际不间断发生的频率成正比，而且大脑也随着它们的使用而"成长"。决心或美好的感觉没有产生实际结果就烟消云散了，这比失去一个机会还要糟糕，它将阻碍决心与情绪找到正常的流注渠道。性格最可鄙的一类人，是缺乏勇气的感伤主义者和空想家，一生都在感性与情感的海波中翻滚，而从未做出一件真正有男子气魄的事。卢梭便是一个经典的例子：他用卓越的口才煽动法国所有的母亲崇尚自然，亲自养育子女，而他自己却把孩子送到育婴堂。就我们每个人而言，若在心中萌发朦胧抽象的善意后，却在实际情况中，只看到丑陋的"其他特殊情况"，看不到背后掩藏的可以行的善，那便是在某种程度上重蹈了卢梭的覆辙。在这平凡的世界中，所有的善都会被伴随左右的粗俗所掩饰；但若仅能识别以纯粹抽象的形式存在的善，就未免太可悲可叹了。沉溺于阅读小说和观看戏剧，就会产生这种后果。俄罗斯妇人为戏剧中的虚拟人物哭泣垂泪，却不顾门外等候她的车夫在座位上冻得要死，这种事情时有发生，却不太引人注目。既不是演员，也没有欣赏天赋的人，其沉溺音乐的习惯或许对性格产生削弱的效果。如果一个人产生的感情习惯性地不引发任何行动，其怠惰的情绪状态将保持下去。补救的方法是，不要在音乐会上放纵感情，除非事后以某种积极的方式将其表达出来。让表达成为世界上最起码的行动吧——如果做不出英雄壮举，那就和颜悦色地对姑母说话，或者在马车上起身让座——但是一定要表达。

后面的几个例子使我们清楚了：习惯在大脑中所刻下的印痕，不仅仅包括流注的具体渠道，还包括流注的一般形式。如果任由情绪无端消失，情绪就会进入无端消失的模式；同样，有理由相信，倘若本该努力时我们却退缩不前，努力的能力很快就会消失，而我们还浑然不觉；而且，如果我们任由注意力涣散，不久之后，注意力就再也无法集中了。后面我们将会看到，注意与努力只不过是同一个心理事实的两个不同的名字而已。它们对哪些大脑活动过程做出响应，尚不得而知。它们并非纯粹的精神活动，而是要依赖大脑活动过程。这种看法的最有力证明是：它们在某种程度上为习惯法则——一个实实在在的法则——所制约。最后一个实际准则和这些意志习惯有关，我们可以提供如下建议：通过每天做一点无关紧要的锻炼，让努力的机制在头脑中得以保留。也就是说，在琐碎而无足轻重的时间，保持坚忍、勇敢；每天做一两件不愿意做的事；当真正需要的时候，你就能够经受住考验，不会手足无措、毫无条理了。这种坚忍行为就像是为房子和货物所上的保险。缴纳这笔款项此时对房主毫无益处，甚至可能永远都不会带来回报。但是倘若火灾真的降临，他所购买的保险将把他从废墟中拯救出来。在琐碎小事上注意培养习惯，使自己拥有集中的注意力、坚定的意志、自我克制能力的人，也是一样。四面楚歌之时，他仍会像巨塔一样耸立。而那些意志不坚的人则像谷壳一样在风中飘散无踪了。

　　因此，对精神状况进行生理研究，会为激励伦理学提供最为有力的支持。人们习惯性地以错误方式塑造性格会带来更多的灾难。如果年轻人能够意识到，不久之后他们就会被习惯所驱使，那么他们就会更加关注自己在习惯形成时期的行为。我们在编织自己的命运，不论是好还是坏，不会重来。一点善举、一个恶行，都会留下不小的痕迹。杰斐逊剧中的醉汉瑞普·凡·温克尔每次失职都会安慰自己："这次不算！"好吧！就算他自己不去计算，慈爱的上苍也不去计算，但冥冥中的力量还是会毫厘不爽地计算的。在他的神经细胞和纤维之间，无数分子在默默地计数、录入和储存，当下一次诱惑来临之时，就会对他不利。在严格的科学意义上，我们所做的任何事都不会完全磨灭。当然，这有好的一面，也有坏的一面。一杯一杯地饮酒，我们会成为积习难改的酒鬼；同样，一次一次的行动，一个小时又一个小时的工作，可以使我们成为品德高尚的人，成为实践或科学领域的权威或专家。无论教育的过程如何，年轻人都不必对教育的结果感到忧虑。只要在工作日的每个小时都认真而忙碌地工作，结果自然会水到渠成。完全可以确定的是，某天清晨醒来，他会发现自己已成为一代人中的佼佼者，无论他选择了什么样的追求目标。在他完成一项项具体工作的时候，对此类问题的判断力会在他的身上默默地积聚，形成一种永不消失的财富。年轻人应该尽早知道这个真理，因为比起所有其他因素，若对此一无所知，可能会令刚刚踏上艰难的职业生涯的年轻人产生更多的胆怯与懦弱。

导读

　　威廉·詹姆斯（1842—1910），美国心理学之父。美国本土第一位哲学家和心理学家，也是教育学家及实用主义的倡导者。2006年，詹姆斯被美国的权威期刊《大西洋月刊》评为影响美国的100位人物之一。他的主要著作有《心理学原理》等。

　　威廉·詹姆斯关于"习惯"曾有一段经典诠释：播下一个行动，收获一种习惯；播下一种习惯，收获一种性格；播下一种性格，收获一种命运。习惯会造就一个全新的人，好习惯一旦形成，就会作为一种永不消失的财富伴随终生。在这篇文章中，詹姆斯对"习惯"做了心理学上的解读，让人们既看到习惯对人的约束力，也看到习惯对社会的守护作用，更重要的是，在这篇文章中詹姆斯对如何获取新习惯，给出了很专业的意见。读者朋友们在想获取新的行为习惯时，不妨试试。

前　方

曹文轩　著

　　一辆破旧的汽车临时停在路旁，它不知来自何方。它积了一身厚厚的尘埃。一车人，神情憔悴而漠然地望着前方。他们去哪儿？归家还是远行？然而不管是归家还是远行，都基于同一事实：他们正在路上。归家，说明他们在此之前，曾有离家之举。而远行，则是离家而去。

　　人有克制不住的离家的欲望。

　　当人类还未有家的意识与家的形式之前，祖先们几乎是在无休止的迁徙中生活的。今天，我们在电视上，总是看见美洲荒原或者非洲荒原上的动物大迁徙的宏大场面：它们不停地奔跑着，翻过一道道山，穿过一片片戈壁滩，游过一条条河流，其间，不时遭到猛兽的追捕与袭击，或摔死于山崖、淹死于激流。然而，任何阻拦与艰险，也不能阻挡这声势浩大、撼动人心的迁徙。前方在召唤着它们，它们只有奋蹄挺进。其实，人类的祖先也在这迁徙中度过了漫长的光阴。

　　后来，人类有了家。然而，先前的习性与欲望依然没有消失。人还得离家，甚至是远行。

外面有一个广大无边的世界。这个世界充满艰辛，充满危险，然而又丰富多彩，富有刺激性。外面的世界能够开阔视野，能够发展和壮大自己。它总在诱惑着人走出家门。人会在闯荡世界之中获得生命的快感或满足按捺不住的虚荣心。因此，人的内心总在呐喊：走啊走！

离家也许是出自无奈。家容不得他了，或是他容不得家了。他的心或身抑或是心和身一起受着家的压迫。他必须走，远走高飞。因此，人类自有历史，便留下了无数逃离家园，结伴上路，一路风尘，一路劳顿，一路憔悴的故事。

人的眼中、心里，总有一个前方。前方的情景并不明确，朦胧如雾中之月，闪烁如水中之屑。这种不确定性，反而助长了人们对前方的幻想。前方使他们兴奋，使他们行动，使他们陷入如痴如醉的状态。他们仿佛从苍茫的前方，听到了呼唤他们前往的钟声和激动人心的鼓乐。他们不知疲倦地走着。

因此，这世界上就有了路。为了快速地走向前方和能走向更远的地方，就有了船，有了马车，有了我们眼前这辆破旧而简陋的汽车。

路连接着家与前方。人们借着路，向前流浪。自古以来，人类就喜欢流浪。当然也可以说，人类不得不流浪。流浪不仅是出于天性，也出于命运。是命运把人抛到了路上。因为，即便是许多人终身未出家门，或未远离家门，但在他们内心深处，他们仍然有无家可归的感觉，他们也在漫无尽头的路上，四野茫茫，八面空空，眼前与心中，只剩下一条通往前方的路。

人们早已发现，人生实质上是一场苦旅。坐在这辆车里的人们，将在这样一辆拥挤不堪的车里，开始他们的旅途。我们可以想象：车吼叫着，在坑洼不平的路面上颠簸，把一车人摇得东歪西倒，使人一路受着皮肉之苦。那位男子手托下巴，望着车窗外，他的眼睛里流露出一个将要开始艰难旅程的人所有的惶惑与茫然。钱钟书先生的《围城》中也出现过这种拥挤的汽车。丰子恺先生有篇散文，也是专写这种老掉牙的汽车的。他的那辆汽车在荒郊野外的半路上抛锚了，并且总是不能修好。他把旅途的不安、无奈与焦躁不宁、索然无味细细地写了出来：真是一番苦旅。当然，在这天底下，在同一时间里，有许多人也许是坐在豪华的游艇上、舒适的飞机或火车上进行他们的旅行的。他们的心情就一定会比在这种沙丁鱼罐头一样的车中的人们要好些吗？如果我们把这种具象化的旅行，抽象化为人生的旅途，我们不分彼此，都是苦旅者。

人的悲剧性实质，还不完全在于总想到达目的地却总不能到达目的地，而在于走向前方、到处流浪时，又时时刻刻地惦念着正在远去或久已不见的家、家园和家乡。就如同一首歌唱到的那样：回家的心思，总在心头。中国古代诗歌，有许多篇幅是交给思乡之情的："日暮乡关何处是？烟波江上使人愁。"（崔颢）"近乡情更怯，不敢问来人。"（宋之问）"还顾望旧乡，长路漫浩浩。"（《古诗十九首》）"家在梦中何日到，春来江上几人还。"（卢纶）"不知何处吹芦管，一夜征人尽望乡。"（李益）"未老莫还乡，还乡须断肠。"（韦庄）……悲剧的不可避免在于：人无法还乡；更在于：即便是还了家，依然还在无家的感觉之中。那位崔颢，本可以凑足盘缠回家一趟，用不着那样伤感。然而，他深深地知道，他在心中想念的那个家，只是由家的温馨与安宁培育起来的一种抽象的感觉罢了。那个可遮风避雨的实在的家，并不能从心灵深处抹去他无家可归的感觉。他只能望着江上烟波，在心中体味一派苍凉。

这坐在车上的人们，前方到底是家还是无边的旷野呢？

导读

　　曹文轩，1954年生于江苏盐城。北京大学教授、博士生导师。曹文轩是当代文坛最受关注的儿童文学作家之一，主要作品有长篇小说《草房子》《根鸟》《细米》《青铜葵花》《火印》等，以及"大王书"系列、"我的儿子皮卡"系列和"丁丁当当"系列等。获国家图书奖、"五个一工程"优秀作品奖等权威奖项四十余种，荣获2016年国际安徒生奖，成为第一个荣获该奖项的中国作家。

　　曹文轩的儿童文学作品深受广大读者的喜爱，作品中有对美和善孜孜不倦的颂扬、精巧的结构、优美的风景描写、散文诗一般的语言、绝妙的意境，以及富有哲理的主题。《前方》在关于家、路与人生的思考和讨论中带有形而上的哲理色彩。人们离家，奔向前方，世界上因此就有了路。如果把具象化的旅行抽象化为人生的旅途，我们每个人都是苦旅者。而当我们走向前方，四处漂泊的时候，却又时时刻刻惦念着自己的家园！

政治

　　政治生活是整个社会生活的组成部分，它与经济生活、文化生活密切相关，形成一个有机的整体。政治家是指那些在长期的政治实践中涌现出来的具有一定政治远见、政治才干，掌握一定权力并对社会历史发展有重大影响的人物。本单元所选的文章，分别来自四位政治名人，他们充满理想，着眼于民众的福利、世界的和平与发展。从他们的演讲和书信中，读者朋友们可以感悟到他们敏锐的政治眼光、开阔的历史胸怀、独特的个人魅力，以及为了和平、希望、未来而奋斗的灵魂。

第二次就职演说①

[美] 亚伯拉罕·林肯 著　马浩岚 译

　　因为这是我第二次出现在这里宣誓就任总统，所以没有必要像第一次就任时那样发表一次很长的演说。那么对于我们将要进行的行动的比较详细的叙述看起来是合适的。现在，我的前四年任期已满。在这四年里，由于这场伟大的竞赛仍然吸引着人们的注意并且占据着这个国家的精力，所以在它的每个时间点和阶段都不断地引出了公开宣言，因此没有什么新的情况可以报告了。我们军备的进步，因为其他各方面都依靠于这一方面，所以公众了解的和我自己了解的也一样多了；而我相信，这情况对所有人来说都是相当令人满意和备受鼓舞的。我们对未来抱有很高的希望，但不能冒险做出任何相关的预测。

　　在四年前相应的这个时候，所有的思绪都焦急地指向一场正在迫近的内战。所有人都害怕它——所有人都设法避免它。那次在这里做出的就职演说完全致力于不通过战争来拯救这个国家，而同时城市中的叛乱

---

①选自《美国语文》，中国妇女出版社，2008年版。

者们却在设法不通过战争来破坏它——他们设法通过谈判来解散联邦，分裂国家。两方面都反对战争，但是他们中的一方宁愿制造战争也不愿让这国家继续存在，另一方却宁愿接受战争也不愿让这国家灭亡。于是战争来了。

我们全部人口的八分之一是黑人奴隶，但他们不是普遍地分布在整个联邦，而是集中在南部地区。这些奴隶构成了一种奇怪然而强大的利益。所有的人都知道正是这种利益以某种方式引起了战争。叛乱者甚至不惜通过战争来分裂国家的目的就是为了加强、持续并且扩展这种利益；而政府要求的只不过是有权利限制这种利益在地域上的扩大。双方都没有预料到这场战争，也没有预料到它已经达到的严重程度和时间长度。双方都没有预料到这场战争的起因随着战争的结束甚至在战争结束之前就消除了。每一方都寻求一种比较容易的胜利，期望结局不至于涉及根本，令人震惊。双方都读同一本《圣经》，向同一个上帝祈祷；而每一方都祈求上帝帮助他们与对方斗争。这可能看起来很奇怪：居然有人敢于请求一位公正的上帝来帮助他压榨别人的血汗积累自己的财富；不过让我们先别断定自己就不会受到审判。双方的祈祷都不可能得到回应，实际上双方的祈祷也都没有完全得到回应。全能的上帝有他自己的目的。"因为罪过，让悲伤降临到世界上！因为罪过必须到来；但是要让悲伤降临到那带来罪过的人身上！"如果我们认为美国的奴隶制属于在上帝的天意中必须到来的罪过，但已经延续了上帝所指定的时间，他现在就希望消除它。因此他把这场可怕的战争给了南方和北方，作为带来罪过的那些人的悲伤的话，"活着的上帝"的信徒们认为他具有神圣的特性，我们是不是要看清楚对于那些特性的任何偏离呢？我们天真地希望——我们热切地祈祷——这强大的战争的苦难根源可以很快地消亡。然而，如果上帝希望它继续下去，一直到奴隶250年没有报偿的劳作积累起来的财富全部毁灭；一直到从鞭子上流下的每一滴血都从剑上流下的血中得到了报复，就像三万年前所说的那样，现在我们仍然要说："主的审判是完全准确公正的。"

我们对任何人都没有怨恨；我们对所有人都怀有博爱；我们对正确的事情态度坚定，因为上帝使我们能辨认正确的事情，并让我们继续斗争，结束我们正在进行的事业；包扎好国家的伤口；照料参加了这场战争的人，他们的遗孀和他们的孤儿——采取所有的行动去获得并且珍视一个公正持久的和平，我们自己的，以及与其他国家之间的和平。

导读

　　亚伯拉罕·林肯（1809—1865），美国政治家、思想家，黑人奴隶制的废除者，美国最有作为的总统之一。作为一位杰出的政治家，林肯为推动美国社会向前发展做出了巨大贡献，受到美国人民的尊敬。

　　1864年林肯再度当选，连任总统职位，并于1865年3月4日宣誓就职。此时南北战争局势明朗，北方即将胜利，战争行将结束。在第二次就职演说中，林肯重点讨论战后美国人民即将面临的重大课题。林肯希望避免一切过错与惩罚的问题——为了公正持久的和平。林肯虽然未曾接受正规高等教育，但他的演讲依然表现出出众的口才。《第二次就职演说》可谓气势磅礴，情感充沛。

给儿子的信①

[美] 罗伯特·爱德华·李 著　马浩岚 译

　　我收到了你寄给我的爱弗莱特的《华盛顿的生活》，仔细读过了。要是他能看到他那伟大工作遭到的毁坏，他将会感到多么悲伤啊！然而，除非所有的希望都不复存在，否则我不会允许自己相信他那高尚行为的成就将要被破坏，而他那宝贵的忠告和美德的范例这么快就要被他的国人遗忘。根据那些文件，我判断现在我们正处在一种介于无政府和内战之间的状态。但愿上帝能使我们躲开这两种罪恶！我恐怕人类将有很多年都不能像基督徒那样承受没有制约和武力的状态。我看见4个州已经宣布了脱离联邦，很显然还有4个会追随他们的先例。然后，如果边境的州都卷入这次革命的漩涡之中的话，那么这个国家的一半就会摆开阵势来与另一半作战。我必须试着耐心等待结果，因为我既没法加快也没法拖延它的到来。

　　在我看来，正如你所说的，南方受到了北方的行动的侵害。我感觉

---

①选自《美国语文》，中国妇女出版社，2008年版。

到了这种侵犯，也愿意采取任何适当的措施来弥补。我是为原则奋斗，而不是为了个人的利益。作为一名美国公民，我为我的国家的繁荣和制度，感到无比骄傲，如果有任何一个州的权利受到侵害，我都愿意去护卫它。但是我能预料到这个国家要遭到的是联邦解体的灾难。这将会是我们抱怨的所有罪恶的累积的结果，而我愿意牺牲除了荣誉之外的任何东西使联邦保持完整。因此，我希望能先尝试所有宪法规定的方法，最后再付诸武力。脱离联邦就是革命。我们"宪法"的筹划者们付出了劳动、智慧和耐力来完成它，在它周围设下了那么多保卫和安全措施，并不是为了让联邦的每个成员随意破坏它的。根据宪法引言中所表述的，它是为了"永恒的联邦"而制定的，是为了建立一个政府，而不是一个契约，这政府只有通过革命或者全体大会成员的一致同意才能解体。谈论脱离是没有用的。无政府状态将要产生，没有一个政府，无论是华盛顿、杰弗逊、麦迪逊，还是其他美国革命时期的爱国者的政府……然而，一个只有靠剑和刺刀才能维持的联邦，一个冲突和内战要代替亲兄弟般的爱和善良的联邦，对我而言没有任何魅力。我会悼念我的国家和人类的幸福及进步。如果联邦解体了，政府也分裂了，我就要回到我的家乡的州，和我的人民一起分担苦难，并且，除非是为了自卫，我不会用我的剑对着任何人。

导读

　　罗伯特·爱德华·李（1807—1870），美国军事家，出生于弗吉尼亚。他在美墨战争中表现卓越，在美国南北战争中，他是美国南方邦联的总司令。战后，积极从事教育事业，曾任华盛顿大学校长。

　　李是美国内战中杰出的指挥官，同时也是品德高尚、受人尊敬的将领。就李个人而言，他是个彻底的人道主义者。虽然他是个以杀戮为职业的军人，但终其一生他都为自己作为军人而觉得内疚。正是出于"赎罪"的理念，李在战后投身教育。

　　从1961年1月23日他给儿子的这封信中我们看出，李不赞同南北分裂，愿意"牺牲除了荣誉之外的任何东西使联邦保持完整"，更反对诉诸武力。因为他需要的是一个有着"亲兄弟般的爱和善良的联邦"，他不愿意用剑对着任何人。正是这种彻底的人道主义精神，让李深深地受到了美国人民的尊敬。

关于希特勒入侵苏联的广播演说[①]

[英] 丘吉尔 著　王杭　云丽春 译

丘吉尔今晚要借此机会向大家发表演说，因为我们已经到了战争的关键时刻。

今天凌晨4时，希特勒已进攻并入侵苏联。既没有宣战，也没有最后通牒，但德国炸弹却突然在苏联城市上空像雨点般地落下，德国军队大举侵犯苏联边界。一小时后，德国大使拜见苏联外交部部长，称两国已处于战争状态。但正是这位大使，昨夜却喋喋不休地向苏联人保证，德国是朋友，而且几乎是盟友。

希特勒是个十恶不赦、杀人如麻、欲壑难填的魔鬼。而纳粹制度除了贪得无厌和种族统治外，别无主旨和原则。它横暴凶悍，野蛮侵略，为人类一切形式的卑劣行径所不及。

---

① 选自《历史上最伟大的演说辞》，天津社会科学出版社，2001年版。

过去的一切，连同它的罪恶，它的愚蠢和悲剧，都一闪而逝了。我看见苏联士兵站在祖国的大门口，守卫着他们的祖先自远古以来劳作的土地。我看见他们守卫着自己的家园，他们的母亲和妻子在祈祷——啊，是的，有时人人都要祈祷，祝愿亲人平安，祝愿他们的赡养者、战斗者和保护者回归。

我看见苏联数以万计的村庄正在耕种土地，正在艰难地获取生活资料，那儿依然有着人类的基本乐趣，少女在欢笑，儿童在玩耍。我看见纳粹的战争机器向他们碾压过去，穷凶极恶地展开了屠杀。我看见全副戎装，佩剑、马刀和鞋钉叮当作响的普鲁士军官，以及刚刚威吓、压制过十多个国家的、奸诈无比的特工高手。我还看见大批愚笨迟钝、受过训练、唯命是从、凶残暴戾的德国士兵，像一大群爬行的蝗虫正在蹒跚行进。我看见德国轰炸机和战斗机在天空盘旋，它们虽然因英国人的多次鞭挞而心有余悸，却在为找到一个自以为唾手可得的猎物而得意忘形。在这番嚣张气焰的背后，在这场突然袭击的背后，我看到了那一小撮策划、组织并向人类发动这场恐怖战争的恶棍。

于是，我的思绪回到了若干年前。那时，苏联军队是我们抗击同一不共戴天的敌人的盟军，他们坚韧不拔、英勇善战，帮助我们赢得了胜利。但后来，他们却完全同这一切隔绝开了——虽然这并非我们的过错。

我亲身经历了所有这一切。如果我直抒胸臆，感怀旧事，你们是会原谅我的。但现在我必须宣布国王陛下政府的决定，我确信伟大的自治领地在适当时候会一致同意这项决定。然而我们必须现在，必须立即宣布这项决定，一天也不能耽搁。我必须发表这项声明，我相信，你们绝不会怀疑我们将要采取的政策。

我们只有一个目标，一个唯一的、不可变更的目标。我们决心要消灭希特勒，肃清纳粹制度的一切痕迹。什么也不能使我们改变这个决心。什么也不能！我们绝不谈判！我们绝不同希特勒或他的任何党羽进行谈判。我们将在陆地同他作战，我们将在海洋同他作战，我们将在天空同他作战，直至邀天之助，在地球上肃清他的阴影，并把地球上的人民从他的枷锁下解放出来。

任何一个同纳粹主义做斗争的人或国家，都将得到我们的援助；任何一个与希特勒同流合污的人或国家，都是我们的敌人。这一点不仅适用于国家，而且适用于所有那些卑劣的、吉斯林之流的代表人物，他们充当了纳粹制度的工具和代理人，反对自己的同胞，反对自己的故土。这些吉斯林们，就像纳粹头目自身一样，如果没有被自己的同胞干掉（干掉就会省下很多麻烦），就将在胜利的翌日被我们送交同盟国法庭审判。这就是我们的政策，这就是我们的声明。

因此，我们将尽力给苏联和苏联人民提供一切援助。我们将呼吁世界各地的朋友和盟友采取同样的方针，并且同我们一样，忠诚不渝地推行到底。

我们已经向苏联政府提供了力所能及的、可能对他们有用的技术援助和经济援助。我们将夜以继日地、越来越大规模地轰炸德国，月复一月地向它投掷大量炸弹，使它每一个月都尝到并吞下比它倾洒给人类的更加深重的苦难。

值得指出的是，仅仅在昨天，皇家空军曾深入法国腹地，以极小损失击落了28架侵犯、玷污并扬言要控制法兰西领空的德国战斗机。

然而，这仅仅是一个开端。从现在起，我国空军的扩充将加速进行。在今后6个月，我们从美国那儿得到的援助，包括各种战争物资，尤其是重型轰炸机，将开始展示出重要作用。这不是阶级战争，这是一场整个大英帝国和英联邦，不分种族，不分信仰，不分党派，全都投入进去的战争。

希特勒侵略苏联仅仅是蓄谋侵略不列颠诸岛的前奏。毫无疑问，他指望在冬季到来之前结束这一切，并在美国海军和空军进行干涉之前击溃英国。他指望更大规模地重演故技，各个击破。他一直是凭借这种伎俩得逞的。那时，他就可以为最后行动清除障碍了，也就是说，他就要迫使西半球屈服于他的意志和他的制度了，而如果做不到这一点，他的一切征服都将落空。

因此，苏联的危险就是我国的危险，就是美国的危险；苏联人民为保卫家园而战的事业就是世界各地自由人民和自由民族的事业。

让我们从如此残酷的经验中吸取教训吧！在这生命尚存，力量还在之际，让我们加倍努力，合力奋战吧！

导读

温斯顿·丘吉尔（1874—1965），政治家、画家、演说家、作家以及记者，凭借《第二次世界大战回忆录》于1953年获得诺贝尔文学奖。曾两度出任英国首相，被认为是20世纪最重要的政治领袖之一，带领英国取得第二次世界大战的胜利。

温斯顿·丘吉尔被誉为20世纪最伟大的演说家之一，他在演讲方面有着很深的造诣。美国《展示》杂志将他评为近百年来世界最有说服力的八大演说家之一。

这篇文章是1941年6月22日德国突袭苏联的当天晚上由丘吉尔先生向英国民众广播的。演讲开门见山地向英国人民发布了德国入侵苏联的消息，指责希特勒的暴行，引导英国民众认清战情，使他们理解并接受援苏抗德的决定，并寻求美国的支持。在战况紧急的情势下，丘吉尔在演讲中尽显其政治智慧和表达技巧，以便在最短的时间内最大限度地获得民众的支持。读者朋友可以在细细的品读之中感受这篇演讲词的语言和情感魅力。

热血、辛劳、眼泪与汗水①

[英] 丘吉尔 著　　王杭　云丽春 译

　　正如我曾对参加本届政府的成员说的那样，我要向下院说："我没有什么可以奉献，有的只是热血、辛劳、眼泪与汗水。"

　　摆在我们面前的，是一场极为痛苦的严峻的考验。在我们面前，有许许多多漫长的斗争和苦难岁月。你们问：我们的政策是什么？我要说，我们的政策就是用我们全部能力，用上苍所给予我们的全部力量，在海上、陆地和空中进行战斗，同一个在人类黑暗悲惨的罪恶史上所从未有过的穷凶极恶的暴政进行战斗。这就是我们的政策。你们问：我们的目标是什么？我可以用一个词来回答：胜利——不惜一切代价去赢得胜利！无论多么可怕，也要赢得胜利。无论道路多么遥远和艰难，也要赢得胜利。因为没有胜利，就不能生存。大家必须认识到这一点：没有胜利，没有英帝国所代表的一切，就没有促使人类朝着自己目标奋勇前进这一世代相传的强烈欲望和动力。

---

① 选自《至暗时刻——力挽狂澜的丘吉尔》，上海译文出版社，2019年版。

当我挑起这个担子的时候，我是心情愉快、满怀希望的。我深信，人们不会听任我们的事业遭受失败。此时此刻，我觉得我有权要求大家的支持，我要说："来吧，让我们同心协力，一道前进！"

导读

　　温斯顿·丘吉尔（1874—1965），政治家、画家、演说家、作家以及记者，凭借《第二次世界大战回忆录》于1953年获得诺贝尔文学奖。曾两度出任英国首相，被认为是20世纪最重要的政治领袖之一，带领英国取得第二次世界大战的胜利。

　　温斯顿·丘吉尔有很高的文学造诣，而事实也证明，丘吉尔一次又一次的精彩演讲，给当时处于巨大恐惧和不安中的英国人带来了勇气。

　　1940年纳粹德国横扫欧洲大地，英国处于生死存亡的危急关头，丘吉尔临危受命，组建战时内阁并出任首相。《热血、辛劳、眼泪和汗水》是他当年在英国下议院发表的就职演说。丘吉尔以诗一般的语言、铁一般的意志慷慨陈词，向世界传递了一个明确的信息：英国将誓死战斗！这篇演说一扫英伦三岛的低迷之气，唤起了英国民众战胜法西斯的勇气和信心。

审美

　　生活中，美无处不在。美存在于具体的环境、现象、事情、行为、物体之中。审美是人类理解世界的一种特殊形式，它是人与世界形成的一种无功利的、形象的和情感的关系状态。审美的范围极其广泛，包括建筑、音乐、舞蹈、服饰、陶艺、饮食、装饰、绘画等等。审美存在于我们生活的各个方面。玲珑精致的器具、如诗如画的园林、如同一段凝固音乐般的建筑……当我们用发现的眼睛去打量周围的一切时，会蓦然发现美就在身边。在审美带来的精神愉悦中，我们会感到对狭隘功利性的超越和对美好生命的追求。

紫禁城里叫蝈蝈[1]

王世襄 著

温室种唐花，元旦可以观赏盛开的牡丹；暖炕育鸣虫，严冬可以聆听悦耳的秋声。人工育虫，不知始于何时，但至迟晚明人可能已以此为业。刘侗《帝京景物略》（卷三）《胡家村》称："促织感秋而生，而音商，其性胜，秋尽则尽。今都人能种之，留其鸣深冬。其法土于盆，养之，虫生子土中，入冬以其土置暖炕，日水洒绵覆之，伏五六日，土蠕蠕动，又伏七八日，子出白如蛆然。置子蔬叶，仍洒覆之。足翅成，渐以黑，迎月则鸣，鸣细于秋，入春反僵也。"（北京古籍出版社，1982年）

促织，即蟋蟀，通称蛐蛐，是北京冬日所养鸣虫之一，此外还有蝈蝈、札嘴、油壶鲁、梆儿头、金钟等，都能用人工孵化培育出来，使之鸣于冬日。

早在清前期，民间育虫的方法和冬日欣赏鸣虫的习俗便被引入了清

---

[1]选自《紫禁城》1990年05期，紫禁城出版社。

宫紫禁城。康熙帝玄烨有一首题为《络纬养至暮春》的五律：

> 秋深厌聒耳，今得锦囊盛。
>
> 经腊鸣香阁，逢春接玉笙。
>
> 物微宜护惜，事渺亦均平。
>
> 造化虽流传，安然养此生。

（《康熙御制文集》四集，卷三十五）

上诗所咏的络纬蝈蝈，不是天然的，而是人工孵育出来的。因为天然的秋蝈蝈，无论如何也活不到第二年的暮春。再读乾隆帝弘历的《咏络纬》诗并序，更有力地证明了这一点：

皇祖时命奉宸苑使取络纬种育于暖室，盖如温花之能开腊底也。每设宴则置绣笼中，"唧唧"之声不绝，遂以为例云。

> 群知络纬到秋吟，耳畔何来唧唧音。
>
> 却共温花荣此日，将嗤冷菊背而今。
>
> 夏虫乍可同冰语，朝槿原堪入朔寻。
>
> 生物机缄缘格物，一斑犹见圣人心。

（《乾隆御制诗集》二集，卷一）

弘历明确道出自康熙时起，宫中一直备暖室孵育蝈蝈，设宴时用不绝的"唧唧"之声来增添喧炽的气氛。值得注意的是，宫中的蝈蝈用锦囊或绣笼来贮养，而民间用的却是葫芦。这是从乾隆时人的诗文中得知的。潘荣陛《帝京岁时纪胜》称：蝈蝈"能度三冬，以雕作葫芦，银镶牙嵌，贮而怀之……清韵自胸前突出"。（北京古籍出版社，1983年）杨米人有一首作于乾隆六十年的《都门竹枝词》：

> 二哥不叫叫三哥，处处相逢把式多。
>
> 忽地怀中轻作响，葫芦里面叫蝈蝈。

（《清代北京竹枝词》，北京古籍出版社，1982年）

不过笔者相信乾隆之后不久，紫禁城内也大量用葫芦来养蝈蝈了。

我们只要看乾隆以后大型匏器不再模种，而从道光时起，宫廷和王府大量范制蝈蝈葫芦(拙著《谈匏器》，《故宫博物院院刊》1979年第1期)，至今还有多件宝物传世，便可深信不疑。

承世代以育虫为业的赵子臣见告，其父曾听太监道同、光间事。元旦至上元，宫殿暖阁设火盆，烧木炭，周围架子上摆满蝈蝈葫芦，日夜齐鸣，声可震耳，盖取"万国来朝"之意。所说虽不见记载，国事日非，还妄自尊大也十分可笑、可怜，但联系玄烨、弘历两诗来看，却似属可信。

正因紫禁城内有冬日叫蝈蝈的传统，我们自己摄制的电视剧《末代皇帝》安排了这样一个镜头：坐在太后身旁、面对跪地诸大臣的溥仪，由怀里掏出一只葫芦，蝈蝈从里面跑了出来。笔者认为这是合情合理的。不过有一点需要指出，那只镶象牙口、配硬木框、安白色蒙心的葫芦，是养油壶鲁用的葫芦，而不是蝈蝈葫芦。这两种葫芦有很大的区别。蝈蝈由于生活在草木丛中，高离地面，所以葫芦里面是空的。正因其空，口上只安体质很轻的瓢盖，不安框子和蒙心，以免头重脚轻而易倾仄，而且瓢盖，也有助于发音。油壶鲁则因生活在地上或穴内，故葫芦内要垫土底。有了土底，它可立稳，口上就可以安框子和精雕细刻的蒙心了。

以上极为琐碎的细节，自难要求电视剧的导演和顾问都清楚而不弄错。再说如果当年溥仪真养蝈蝈，一个十来岁的孩子，顺手拿起一只宫中的葫芦，也很可能会拿错。因此笔者写这篇小文绝无对《末代皇帝》吹毛求疵之意。不过说到这里，却想顺便提一下，近年在海外的古玩广告和拍卖图册上，往往可以看到贮养各种鸣虫的葫芦。由于分不清它们是养哪一种虫的葫芦，故一律被标名为cricket cage(蟋蟀笼)。而且几乎所有的蝈蝈葫芦都被安上象牙框子和高起的蒙心。这不禁使人感到卖货而不识货，未免有些露怯。

　　看来有不少和中国民俗学沾边，又似乎微不足道的老玩意儿，其中都有许多名堂和讲究。由于过去认为难登大雅，算不上是文物，即使有所了解也不愿为它多费笔墨。因此现在要知道它可能比研究某些重要文物还要困难些。不知读者同意我的看法否？

导读

　　王世襄（1914—2009），字畅安，文博名家。他生于书香门第、官宦世家。少时调皮爱玩，母亲逝后，幡然悔悟，由玩物而研物，渐成大家，有"京城第一玩家"之美誉，启功因此称王世襄"玩物不丧志"。一生出版著作约40种，大部分著作皆有外文译本。

　　王世襄久居京华。京华的花鸟鱼虫、菜肴点心、器物文玩都是他绝学的一部分，学就是玩，玩也是学，其散文既有学问又好玩。百灵的歌唱、蝈蝈的冬鸣、萨其马的香气、铜炉的妙趣……他笔下的世界妙趣横生。《紫禁城里叫蝈蝈》行文悠然，静穆却又充满热情，把小小的蝈蝈写得情致盎然，把"老玩意儿"写出了"名堂和讲究"，国学基底和艺术修养赫然凝于其中。

亭的建筑艺术①

王振复　著

　　亭子，较多地出现在中国园林文化景观之中，具有休憩、凭眺的实用功能与涵虚之美。

　　亭子又名凉亭，是中国建筑的一种特殊类型。《释名·释亭》说："亭，停也，亦人所停集也。"亭的功能是"停"，即供人休憩。亭子是一种只有立柱支撑顶盖、四周无墙体(或一侧无墙体)的空间通透的建筑物。亭多设于园林、名胜与通衢之处，有时也建靠在山顶、水边等地。亭子的造型非常丰富，以轻盈俏丽者居多。

　　亭子是中国园林的重要景观，造园家往往将亭子巧妙地组织到美的园林境界之中。在园林中，亭有半亭与独立亭之分。半亭常常与走廊相联系，依墙而建，如苏州拙政园的倚虹亭(东半亭)与"别有洞天"(西半亭)。半亭给人以"依偎"之感，融于园林环境之中，时或探出檐角，十分灵秀，有半掩半露的含蓄之美。独立亭则常建于园林的池水之畔、

---

①节选自《中国建筑艺术论》，山西教育出版社，2001年版。题目为编者所加。

小山之巅、花木丛中或道路交叉之处等，其造型很注意与地形环境的协调，如苏州拙政园有雪香云蔚亭，独立于一个小坡之上，其长方形的平面，正与平缓的坡地相协调。拙政园另有扇亭，建于水岸外凸之外，因而此亭也以凸面向外，这在建筑符号"语汇"上取得了统一。独立亭的文化审美特征是醒目、鲜明、美感强烈。

园林之亭的造型，以平面为圆形、方形、六角形与八角形为多见，也有三角形、缺角形、梅花形、海棠叶形与扇形等造型。这大约可以归纳为两类，即几何形与自然形。比如：苏州拙政园的梧竹幽居亭、怡园的小沧浪亭等，平面为六角形；拙政园的竖亭，平面为圆形；苏州西园的湖心亭，平面为八角形；苏州环秀山庄的海棠亭，平面为海棠叶形，是很别致的一种造型。

亭子的"艺术性"，表现为三方面：

第一，作为艺术审美对象，亭子是园林景观中的一种建筑小品，是园林景观构景的重要手段，所谓"亭台楼阁"，亭在园林中是颇为活跃、令人注目、比较空灵的一个审美因素。那种小巧玲珑、反宇飞檐的"俏"模样，往往给人以优美的感觉。

第二，亭子的原始艺术功能是供人歇脚休息，这一功能既是实用性的，也是精神性的，且以实用性功能为基础。在园林中，亭子往往是供游园者休息的地方。亭，好比是游园路线上的一个美的"休止符"，它在构景上，使得园林这整部"乐章"显得抑扬顿挫，张弛有致。亭子是令人精神舒放的场所，当游园者游园感到疲劳之时，到凉亭小憩一下，感觉一定是很美好的。

第三，亭子本身是美的景观、审美对象，同时又是一个欣赏园景的出发点，亭子具有凭眺的艺术功能。人在亭内，凭眺园内诸景，或是远眺湖光山色，有"快哉"之感。

总之，亭的"艺术性"很丰富。从审美上看，亭的形体常常是小型

的，造型秀美；空间开敞，有"虚"的性格；与自然环境相结合的，成
为自然与人文景观中的一种优美的"旋律"。

导读

　　王振复，1945年生于上海，美学家，也是教授、博士生导师。长期从事周易文化、中国美学、文艺理论与中国建筑文化等方面的教学与科研工作，对佛学也有所涉猎。

　　王振复关注审美问题研究，特别注重建筑美学的研究。他认为建筑显示了中国美学的独特风貌。关于建筑美学的主要研究成果有《建筑美学》《华夏宫室》《中国建筑艺术论》等。

　　《亭的建筑艺术》一文用具有学术素养和富于艺术情趣的语言，介绍了亭子的特征、分类、造型以及"艺术性"的体现。作者不仅关注亭子的实用功能，同时关注亭子的涵虚之美。读者朋友，当你游园感到疲劳之时，不妨小憩一下，体味凉亭带给你的美好心情。

园日涉以成趣[1]

陈从周 著

中国园林如画如诗，集建筑、书画、文学、园艺等艺术的精华于一身，在世界造园艺术中独树一帜。

每一个园都有自己的风格。游颐和园，印象最深的应是昆明湖与万寿山；游北海，则是湖面与琼华岛；苏州拙政园曲折弥漫的水面、扬州个园峻拔的黄石大假山等，也都令人印象深刻。

在造园时，如能利用天然的地形再加人工的设计配合，这样不但节约了人工物力，并且利于景物的安排，造园学上称为"因地制宜"。

中国园林有以山为主体的，有以水为主体的，也有以山为主水为辅，或以水为主山为辅的，而水亦有散聚之分，山有平冈峻岭之别。园以景胜，景因园异，各具风格。在观赏时，又有动观与静观之趣。因此，评价某一园林艺术时，要看它是否发挥了这一园景的特色，不落常套。

---

[1]选自《陈从周散文·中国园林散记》，花城出版社，1999年版。

中国古典园林绝大部分四周皆有墙垣，景物藏之于内。可是园外有些景物还要组合到园内来，使空间推展极远，予人以不尽之意，此即所谓"借景"。颐和园借近处的玉泉山和较远的西山景，每当夕阳西下时，在湖山真意亭处凭栏，二山仿佛移置园中，确是妙法。

中国园林，往往在大园中包小园，如颐和园的谐趣园、北海的静心斋、苏州拙政园的枇杷园、留园的揖峰轩等，它们不但给园林以开朗与收敛的不同境界，同时又巧妙地把大小不同、结构各异的建筑物与山石树木安排得十分恰当。至于大湖中包小湖的办法，要推西湖的三潭印月最妙了。这些小园、小湖多数是园中精华所在，无论建筑处理、山石堆叠、盆景配置等，都是工笔细描，耐人寻味。游园的时候，对于这些小境界，宜静观盘桓。它与廊引人随的动观看景，正好相反。

中国园林的景物主要模仿自然，用人工的力量来建造天然的景色，即所谓"虽由人作，宛自天开"。这些景物虽不一定强调仿自某山某水，但多少有些根据，用精练概括的手法重现。颐和园的仿西湖便是一例，可是它又不尽同于西湖。亦有利用山水画的画稿，参以诗词的情调，构成许多诗情画意的景色。在曲折多变的景物中，还运用了对比和衬托等手法。颐和园前山为华丽的建筑群，后山却是苍翠的自然景物，两者给人不同的感觉，却相得益彰。在中国园林中，往往以建筑物与山石做对比，大与小做对比，高与低做对比，疏与密做对比，等等。而一园的主要景物又由若干次要的景物衬托而出，使宾主分明，像北京北海的白塔、景山的五亭、颐和园的佛香阁便是。

中国园林，除山石树木外，建筑物的巧妙安排，十分重要，如花间隐榭、水边安亭。还可利用长廊云墙、曲桥漏窗等，构成各种画面，使空间更加扩大，层次分明。因此，游过中国园林的人会感到庭园虽小，却曲折有致。这就是景物组合成的不同的空间感觉，有开朗，有收敛，有幽深，有明畅。游园观景，如看中国画的长卷一样，次第映入眼帘，观之不尽。

"好花须映好楼台"，到过北海团城的人，没有一个不说团城承光殿前的松柏布置得妥帖宜人。这是什么道理？其实是松柏的姿态与附近的建筑物高低相称，又利用了"树池"将它参差散植，加以适当地组合，使之疏密有致，掩映成趣。苍翠虬枝与红墙碧瓦构成一幅极好的画面。这怎不令人流连忘返呢？颐和园乐寿堂前的海棠，同样与四周的廊屋形成了玲珑绚烂的构图，这些都是绿化中的佳作。江南的园林利用白墙做背景，配以美丽的花木、清拔的竹石，明洁悦目，又别具一格。园林中的花木，大都是经过长期的修整，使姿态曲尽画意。

园林中除假山外，尚有立峰，这些单独欣赏的佳石，如抽象的雕刻品，欣赏时往往以情悟物，进而将它人格化，称其人峰、圭峰之类。它必具有"瘦、皱、透、漏"的特点，方称佳品，即要玲珑剔透。中国古代园林中，要有佳峰珍石，方称得名园。上海豫园的玉玲珑、苏州留园的冠云峰，在太湖石中都是上选，使园林生色不少。

若干园林亭阁，不但有很好的命名，有时还加上很好的对联，读过刘鹗的《老残游记》，总还记得老残在济南游大明湖，看了"四面荷花三面柳，一城山色半城湖"的对联后，暗暗称道："真个不错。"可见文学在园林中所起的作用。

不同的季节，园林呈现不同的风光。北宋著名山水画家郭熙在其画论《林泉高致》中说过："春山淡冶而如笑，夏山苍翠而如滴，秋山明净而如妆，冬山惨淡而如睡。"造园者多少参用了这些画理，扬州的个园便是用了春夏秋冬不同的假山。在色泽上，春山用略带青绿的石笋，夏山用灰色的湖石，秋山用褐色的黄石，冬山用白色的雪石。黄石山奇峭凌云，便于秋日登高。雪石罗堆厅前，冬日可作居观，便是体现这个道理。

晓色春开，春随人意，游园当及时。

导读

陈从周（1918—2000），名郁文，字从周，晚年自称梓翁。当代著名古建筑学家、园林艺术家、散文家。工诗词，擅书画。张大千之入室弟子，攻山水人物花卉。出版有《陈从周画集》《陈从周散文》《说园》等。

这篇文章是关于园林艺术的随笔，介绍了中国园林艺术的风格、特色、遵循的原则与成法，对我们学习欣赏园林有指点门径的作用。潜心地细细阅读，读者朋友会不由自主地、渐渐地沉醉到字里行间中去，尽情地感受中国传统文化和艺术的博大精深，充分地领略中国园林的神韵。作者既是造园家、造园理论家，又是画家、诗人和散文家，他将多门类艺术融合在对园林艺术和园林美学的理解中。

精神山水①

王澍　著

　　设计象山校园之前，作为甲方的许江院长并没有提具体的要求，他给我写了三首诗，用一种非常诗意、朦胧的方式传达他的要求，有点像以前文人的互相唱和，他写诗给我，然后我用建筑将虚转换为实。

　　设计之初我觉得很重要的问题在于我们面临的是这样一个时代。美学的要求首先是在生活周围要有东西可看，但我们所处的时代几乎摧毁了身边所有可看的东西。中国大学校园已经很难让年轻的学生们了解中国的美学和文化了，所以做象山校园时我说"这不是一个设计，这是一个世界的建造，而且是一个承载着中国人的美学、观念的活生生的实物的建造"。除了"可看"，"一个世界"的核心就是里面的生活方式要发生变化，我希望这个建筑能提供一个足够的美学背景让学生们亲身感受，在里面甚至可以种田、放羊。对观念的影响除了一

---

①选自王澍《造房子》，湖南美术出版社，2016年版。

些精神性讨论，身体性的讨论更基础，比如说种田，种与不种感觉完全不一样。我们说文化形而上，但实际上它的根基一定是形而下的，形而上的东西无形地浸透在所有形而下里，这才更重要也更持久。

这些年我做建筑有点像以前中国人做园林，我称之为"造园活动"而不是建筑活动。北宋时李格非在《洛阳名园记》里提出过园林的六个原则：宏大、幽邃、人力、水泉、苍古、眺望。"宏大"不是物理上的大，而是中国人审美的意象，它带有一种包容世界的感受。然后要有人力参与，人与自然对话。而"水泉"则说明核心的生命是水。所以中国园林是带有和自然对话的主观的观念性艺术，这正是中国文化中我觉得最精彩的，也是在今天最具现实意味的。这个时代整个世界最深刻的一组对立关系就是人工文化和自然的对立性，这时我们谈传统才会有意义。中国传统中的"道法自然"，基本意图就是在强调自然的重要性。因此，象山校园也应该体现很多中国的美学。所以我做这个建筑并没有考虑传统校园的格局，而是主要考虑建筑与山水的关系。

刚来时这里是一片稻田，边角上有一点点村庄建筑。我和许院长转了一圈之后有个共识，首先就是山上不能动，这个山比我们先到，要尊重它。其次所有建筑都是与山有关的，它们主要的对话对象就是这座山。后来不光是山体没有动，我甚至把所有建筑都靠到我们这块地的外边去，与山相邻的地方基本上都保留出来，很多弯曲的道路和田埂其实都是原来场地上的农业格局。

整个象山校园分成山北和山南两部分，山北十个大单体，山南十二个大单体，这两部分的变化蛮大的。山北是更朴素直接的一种方式，除了建筑基本类型以及和自然的关系外，山北意图解决的是一个尺度的问题。今天的建筑师们对于尺度都有点淡漠了，我经常说一百料，我称之为循环建造。这个时期大家都喜欢新的，象山校园对于这些旧东西的利用就有了它的意义。

象山校园也在提倡一种简朴甚至贫寒的美学，是对一种更朴素状态的回归。原来的中国美院在孤山也没有造巨大的楼房来表现自己的存在，而是融在山水中，这就是很重要的一种审美态度。它也是和这个社会有关的，现代城市在以一种奢侈的价值观作为导向，我觉得在美学上应该有另外一种声音。

一个地区的生活是有它的精神性的，会有思想、有梦想。其实中国的建筑直接表达我们的文化。一个没读过书、不了解儒家经典理论的人，只要住在传统的院落中，哪怕是个瞎子，用手脚去摸去走一遍，也会知道人在天地中生活基本的礼仪格局。然而我们现在的生活基本上是以想象中的西方生活为蓝本，生活发生变化，基础观念就发生变化，再有五千年的文化都是白搭。几乎所有人，哪怕嘴上挂着中国传统，心里暗恋的还是西方的东西，这是现在整个中国的状况。

所以象山校园对人的使用是带有挑战性的，不是实用性强弱的问题，而是会不会用的问题。很多人很有感觉地在用，也有些人说不好用。一个建筑自觉地带有观念性意图时可以测试出人的意识、人的立场，同时可以推动人的意识走向自觉。比如一个楼梯，平常你不会注意到它的存在，象山校园里有些楼梯上下两层高度不一样，你才会忽然发现楼梯和脚的存在。光线也是一样的，大家都习惯了现代建筑的窗明几净，但中国传统建筑里的光线我称之为是沉思性的，比现代建筑里的光要暗一些，暗一点的光线是会让人想事情的，是思想的光线。象山校园还有很多设置，会让你找回一些平常根本不在意的东西。

今天的建筑师处在文化断裂当中。传统建筑是文人和工匠相结合，但今天的中国建筑师基本上跟文人无关，建筑设计是一个技术性的、服务性的行业，带有强烈的功利色彩。传统建筑大家不用了，所有功能也都发生了变化。2001年我到德国做一个展览，当时有个德国人对我说："没想到你们中国建筑师跟欧洲建筑师在设计水准方面是相当的，但为什么建筑内在的原型都是我们西方的？"这是非常大的一个问题，所以我觉得象山校园很大的一个意义在于它对建筑基本类型和建筑的基础性做了一个重新界定，希望在这点上会引起持久的讨论。

导读

　　王澍，建筑师，1963年生于新疆乌鲁木齐。曾数次在国际上获奖。2012年，获普利兹克建筑奖，成为获得该奖项的第一个中国人。

　　最能体现王澍建筑观点的是他设计的中国美院象山校区，他将其打造成一个具有桃花源般美丽的、具有传统田园特质的新型校区。在这篇文章中，王澍以深入浅出的语言，讲述了象山校区的建筑历程和他的设计理念。王澍不满于今天建筑师的文化断裂，在设计中融进了中国传统的美学背景、文人气息和东方文化的神韵，提倡融入山水之中的简朴美学，发出现代城市美学以外的另一种美学上的声音。"重建当代中国本土建筑艺术学"是王澍秉持的学术理念，他通过建筑探讨传统文化的当代路径，流露出对于现代城市建筑的危机意识。对当代建筑如何更好地重返传统的坚持为他带来了世界级的荣誉。

科学

　　科学是关于自然界、社会和思维的知识体系，它运用范畴、定理、定律等思维形式反映现实世界各种现象的本质与规律。人类因科学而进步，原子弹、人造卫星、载人飞船……都是科学帮助我们完成的，但那些似乎离我们有些遥不可及。其实科学与我们的生活密切相关，我们生活中处处都有科学，饮食中有科学，运动中有科学，经济中也有科学……本单元所选的五篇文章都是出自薛兆丰的《经济学通识》，通过对大量发生在身边的案例的分析，我们会看到经济学思维在各种实际场景中非常有趣的运用。读者朋友或许会惊呼：原来这里面也蕴藏着科学啊？是的，科学不仅是有用的，也是亲切的、美丽的、迷人的！

行善的困难[1]

薛兆丰 著

最近到贵州出差，沿途所见的景象，让我感觉当地的经济状况与江南一带有差距。想到援助与脱贫的话题，住进酒店后，便上网买了本名著，用阅读器翻看了整晚。这是纽约大学的伊斯特利教授所著的《白人的负担》。该书被英国《经济学人》杂志和《金融时报》评为"2006年最佳图书"，而作者曾经在以国际扶贫为己任的世界银行工作过16年，他提供的数据有说服力。

作者写道：

过去50年，西方对非洲的援助达2.3万亿美元，却未能给每个儿童12美分让死于疟疾的全部人数减半，未能给产妇3美元让500万儿童免于夭折，未能给贫穷家庭3美元以购买蚊帐……然而，就在2005年7月16日这一天，英美两国却能设法把900万册《哈利·波特》送到读者手里，书店即使出现缺货也能迅速补上，而整个过程无须政府的干预，也并没

---

①选自薛兆丰《经济学通识》（第二版），北京大学出版社，2015年版。

有什么关于《哈利·波特》的马歇尔援助计划！……国际社会一方面演化出高度有效的系统，来为富人们的娱乐服务，另一方面却无法给濒临死亡的儿童12美分，这种对比令人痛心。

为什么？浅白的答案是，欧美有高效的物流系统。深一层，是因为欧美搞市场经济，是逐利和竞争，逐步促成了高效的物流系统。再深一层，是非洲尚未具备建立市场经济的条件。说到底，是非洲多国的历史传承、政府政策、公民意识、社会传统以及知识分子的歧见，深刻地妨碍了他们建立市场经济。令人唏嘘的是，总是有些人群，像受到了诅咒，无法摆脱苦难的生活。

读者朋友会问：为什么非要建立市场经济不可？难道救济不是一种帮助？难道救济也要讲求经济效率？既然讲求经济效率，那还算什么救济？让我逐层解释。

首先，商业本身就是最大的慈善。亚当·斯密写过两部名著，一是1761年出版的《道德情操论》，二是15年后在1776年出版的《国富论》。许多人以为，斯密有两套互相对立的主张，即他既主张搞市场经济，又主张商人讲道德。说这些话的人，其实并不知道斯密在说什么。事实上，《道德情操论》不是道德教条，而是斯密对人情冷暖的深入观察。

斯密认为，人虽然自私，但都具有同情心。然而，斯密也指出，人的同情心是随着人际关系亲疏远近变化的——离自己越远的人，能唤起的同情心也越弱。斯密说，要是一名英国绅士，听说远在中国的某地发生了一场地震，上百万人伤亡，那这位绅士也只会感慨一下世事的变幻无常、生命的脆弱无助，接着就会继续忙自己眼下的事情了。就如今天的网友，转发两条带"关注"字眼的微博，就继续忙自己的事情一样。

问题是，人们无时无刻不需要别人的帮助。哪怕是我们手头的一支铅笔，也是经过成千上万人的劳动才生产出来的。没有他们，我们穷毕生的努力，也不可能造出一支铅笔来。既然人们需要互相依赖，但每个人的爱心又只能波及极其有限的范围，那么就只能靠市场的力量，才能抵消仁慈和爱心的脆弱和偏颇，才能使那些不被注意的、不受欢迎的、未被热爱的人的需求得到满足。

因此，每当我们看到那些在贫困中生活的人的时候，我们首先要问的，不是我们自己极其有限的爱心能帮助他们多少，而是他们是靠什么活到今天。毫无疑问，他们之所以能活到今天，基本上还是靠市场，即那些为了牟利而向他们提供商品和服务的个人和企业。他们即使接受了我们短暂而有限的捐助，他们也得继续依靠市场活下去。

当然，这并非要完全排斥慈善。正如斯密所说，人皆有同情心，而行善能满足同情心。尽管力量有限，但世上总有人行善。问题是，行善要不要讲效率？而如果要讲效率的话，为什么行善的效率往往不如商业？

行善当然要讲效果。以有限的时间、金钱和资源，最大程度地满足行善者的同情心，就是效率的标准。漫无目的地派钱，是疯子所为。行善的人，往往是有的放矢地捐助、一丝不苟地策划、客观审慎地评估的。为了满足同情心，就需要落实一些具体的指标，例如将多少药物交到多少病人手里，帮助多少穷人脱贫致富，帮助多少失学儿童重返校园，等等，而这些就是行善的效率指标。

既然如此，为什么行善的效率不能令人满意，甚至如伊斯特利教授所描述的那样触目惊心？我认为原因至少有四。

其一，行善往往缺乏有效的反馈机制。在商业世界里，做对了的决策，就得到奖励；做错了的决策，就自然引来惩罚。这种负反馈机制非常灵敏，以致人们会迅速地往符合目标和减少浪费的方向靠拢，结果就是效率的提高。行善则往往只注重付出，不仅不在乎反应，而且往往没办法得到反应——接受捐助的人只能报以赞许，而不能以钞票准确地为行善人的所作所为做评估。在这种很弱乃至缺失的反馈机制下，行善就往往达不到行善者期望的目标。

其二，行善过程中也存在严重的"委托代理"问题。捐资者未必是行善者，前者是委托人，后者是代理人，而代理人未必依照委托人的意愿行事。上期专栏提到，这是捐资者亲自"花自己的钱替别人做事"，与代理人"花别人的钱替别人做事"之间的效率有区别。伊斯特利教授曾经服务过16年的世界银行，就属于后者这种代理人。据伊斯特利教授介绍，世界银行里每个部门的工作人员，都迫切地要把资金和资源用掉，以便保证该部门次年的预算得到保证，他们因此很少真正关注资金和资源带来的真实效率。

其三，当地政府的管治。许多贫困地区之所以贫困，并非缺乏启动资金来摆脱"穷者愈穷"的恶性循环，而是其政府管治机制存在严重的问题。如果把国际救援送到这些本身就是贫困的始作俑者的政府手里，那就无异于"肉包子打狗"。不解决政府的治理结构，而只是向其注资，那么在浪费了巨额捐助的同时，也丧失了挽救生命和减少痛苦的机会，那就无异于谋财害命。

其四，永久的和官办的慈善体系会自动地制造贫困。人是会对政策和制度做自适应的。只要慈善体系对穷人给予无条件的捐助，那么就会有越来越多的人自愿变成接受捐助的穷人。对此，托克维尔曾在其1835年出版的《济贫报告》中睿智地写道："我深信任何永久的、例行公事的、旨在满足穷人需要的行政体系，都会滋长更多它本身所不能缓解的不幸，诱导它本要帮助和安抚的人们变得堕落，而随着时间的推延，最终将富人沦为穷人的佃农……现代文明的进步运动将渐渐让越来越多的人依赖慈善而生存。"

人类社会需要慈善，也一定存在慈善，而慈善要提高效率，比商业还要困难。解决之道，就是让捐助者和行善者以自愿的民间方式结合，以相互竞争的方式来提高行善的效率，达到以有限资源最大程度地扶贫除弱的目标。

　　薛兆丰，1968年生，美国乔治·梅森大学经济学博士，中国经济学界的旗手之一。薛兆丰长期关注法律、管制与经济增长之间的关系，其文章持续影响了读者对市场经济的认识。代表作品有《经济学的争议》《经济学通识》等。

　　在生活中，相信大家都有过献爱心帮助贫困地区的经历，但是大家有没有发现这样一个现象，援助未必能帮助对象完全脱贫，即行善是困难的。为什么行善是困难的？相信大部分的读者朋友没有思索过。《行善的困难》一文关注的就是这个"小"现象后面的"大"问题。作者从自己去贵州出差看到的实际情形出发，论及援助是短暂而有限的，生活中贫困的人们活下来基本还是要依靠市场。作者提出救济不仅仅是一种帮助，救济也需要讲求效率，并进一步分析了救济效率低下的原因及最终的解决办法。随着作者的一双慧眼，读者朋友们是不是也愉快地"发现"了日常现象背后的经济学逻辑，并开始对经济学产生了兴趣？

向费雪致敬①

薛兆丰　著

在这里谈利息理论，感觉特别过瘾。正是知道有很多不同意见，才有必要直陈自己的心得。认为联储不能操纵经济走势的经济学者数之不尽，而在对利息的精准理解上，与我相同的则至少包括阿尔钦和拉发。我更相信，这知识的源头来自20世纪初奥地利经济学派对资本理论的研究，尤其是费雪的贡献。

我同意，有些经济学原理和应用，只要听别人三言两语地说上几句，然后回家简练揣摩，就可以得出八九不离十的共识。当年我刚学得一点价格理论，就觉得自己锤子在手，目光所及都是钉。得知弗里德曼认为连警察和法庭都可以由市场提供，我便想两个小时，想其论证的细节，等他的书寄到，看看果然不出意料。

但是，有些经济学原理，自己琢磨几乎难免浑浑噩噩，终须要高人指点，才能豁然开朗。读本科时，我选修第一门经济学，老师说需求曲

---

①选自薛兆丰《经济学通识》（第二版），北京大学出版社，2015年版。

线有时向上，因为"炫耀品"是越贵越好卖的，而这现象属于什么逻辑悖论？构成了对经济学的什么威胁？直到我读到阿尔钦的讲解，才如梦初醒，明白几乎每一本教科书教的都是以讹传讹。

还有一些经济学原理，是自己不仅始于浑浑噩噩、似懂非懂的状态，而且尽管高人在前，娓娓道来，也还要一年半载才逐渐明白过来的。这时就非五体投地不可了。对我来说，费雪的利息理论就是例子之一。

费雪的不朽贡献，是坚实地奠定了利息理论，并澄清了一些流传甚广的谬误。例如，很多人把货币的价格看成是利息，这是错的。金钱的价格不是利息，而是购买力。换言之，一块美金能买一瓶汽水，那么一块美金的价格就是一瓶汽水。用金钱来买汽水，也同样可以看作用汽水来买金钱。买家和卖家地位相同，需求与供给没有根本区别，这才是扎实的价格分析框架。

又例如，很多人认为利息是货币世界里特有的现象，这也是错的。利息是人类社会最古老的现象之一。它起源于人的不耐，不依赖于货币的存在。有趣的问题是：在没有货币的社会，或在禁止收取利息的社会，如何观察利率的变化？答案是：观察耐用品与易耗品比价的变化。如果草寮相对瓦房升值，则利率上升；反之则利率下降。

同样的道理，假如牛奶相对干酪升值，则说明利率下降。因为干酪是未来商品，所以只有当利率下降时，干酪才会相对升值；而当人们把更多用于即时消费的牛奶用来生产未来才制成的干酪时，牛奶相对减少了，其价格也就相对上升了。那葡萄相对葡萄酒升值呢，读者可以照样画葫芦了。

很多人把一项资产的价值，看作过去对这项资产的投入成本，这也是错的。当然，会计都是这么做账的。但经济学不这么看。一项资产的价值，总是它未来收入的折现，而过去投入的成本是沉没成本，不论大小都不影响资产的现值。将来我会应用这个观点，去解释为什么一些国有资产须要"贱卖"。

有人认为必须要有投资增值的机会，才会产生利率，这也是错的。赌徒输光了钱，把手表拿去典当，下个月发了工资再把手表赎回来，这过程并没有什么投资增值，因为一切收入和支出都是意料中事。只要赌徒和当铺在时间偏好上有差异，就可以产生交易。

有趣的例子多如牛毛。事实上，利率影响极其深远，只要与时间有关的现象，都涉及利息。在所谓"日常的经济学"中，利息概念与供求概念并重。然而，由于收入、回报、回报率、利润和亏损等一系列相关概念非常含糊，容易使人望文生义，以致利息理论一直不清楚，直到有了费雪才井然起来。所以，我们要向费雪致敬！

导读

　　什么是利息？面对这个与日常生活息息相关的经济学核心概念，相信许多读者朋友的理解仅仅停留于"货币的价格"这一概念。通过这篇文章的阅读，读者朋友明白了自己的理解是错误的。在接下来一连串的关于"利息"的问题中，作者都用生活中鲜活而真实的例子，给予思辨性的解释，甚至读者朋友也可以学以致用，摆脱直觉和经验的控制，举一反三地将经济学思维运用于各种实际场景，自动地"照样画葫芦"般给出排比似的一系列实例。至此，读者朋友是不是发现自己的"世界观"在悄悄地转变？正如作者所说，改造"世界"，非经济学所长；但改造"世界观"，却是经济学的强项。

　　当然，在这篇文章中，作者也在向"美国有史以来最伟大的经济学家"费雪致敬！

你毁你的独木桥，
我修我的阳关道[①]

薛兆丰　著

假如附近的村子为了妨碍我们去做买卖，故意捣毁了他们自己村口的道路，那么作为报复，我们是否应该毁坏自己村口的道路呢？很多人会说"不"。这是对的。然而，到了另外某些非常类似的场合，仍然坚持说"不"的人就大大减少了。

最近美国国会又决定延续对中国的"最惠国待遇"。其实"最惠"是夸大其词的，因为美国并没有在贸易方面给予中国什么额外的"优惠"，中国所受到的待遇和世界上几乎所有其他国家所受到的并无二致。所谓"最惠待遇"，充其量只不过是"不刁难待遇"而已。目前只有古巴、伊朗、伊拉克、利比亚、朝鲜、叙利亚和苏丹等7个国家得不到这个待遇。即使这样，美国对这些少数国家实施经济制裁，对中国年

---

①选自薛兆丰《经济学通识》（第二版），北京大学出版社，2015年版。

复一年地议决"刁难"或"不刁难"，仍然是损人害己的做法。

在经济学理论的研究中，有一个课题已经不再盛行，那就是自由贸易理论。但是，这个课题被冷落的原因并非因为它荒谬，而是因为经过几代经济学大师的雕琢，它已经变得足够稳固和清晰了。自由贸易理论是说，由于生产资料在不同国家的分布不同，而每一种产品都需要消耗不同比例的生产资料，所以同样的产品，在不同的国家相对生产成本就不一样。如果每个国家都集中精力生产其相对成本比较低的产品，然后与别国进行贸易，那么所有这些国家的生活就都会比各自自力更生时好得多。一个更容易理解的例子是，比尔·盖茨即使在编写程序和烧饭洗碗两方面都干得比他的保姆出色，他也还是应该集中精力写程序，而把烧饭洗碗的工作让给比他逊色的保姆完成。这样，两人的处境都会得到改善。

完全不同意自由贸易理论的人是罕见的，但持种种特殊理由推断自由贸易应该缓行的却大有人在。"报复论"是其中一个颇得人心的理由，它声称："自由贸易虽好，但不切实际。你想公平交易，可人家不干。我们只好如法炮制，以便自卫。"

实际上，以为制裁可以给对方造成伤害的想法是不够全面的。制裁确实造成了伤害，但所造成的伤害不是单方面的，而是双方面的。制裁在伤害了别人的同时，也伤害了自己。永远不要忘记，交易能够使双方而不是单方受益；同样，禁止交易也必定使双方而不是单方受损。例如，那些歧视黑人的白人雇主，无疑剥夺了黑人工作的机会，但他们自己也必须为此付出代价——他们的选择范围窄了，劳动力成本高了，本企业的竞争力弱了。美国禁止本国的企业跟别国做贸易，同样是既损人又害己的。

问题是那些受到美国刁难的国家应该采取什么对策。禁止贸易好像捣毁道路。别人既然愚蠢地捣毁了贸易道路，对双方都已经造成了损害，那么我们就不应该靠进一步捣毁贸易道路来报复对方，因为这样只会加重双方所遭受的损害，而且往往还会诱使对方变本加厉。我们可以在某些特定的场合扬言报复，那是希望靠虚张声势来逼迫对方改弦更张。但是，我们假如没能把对方吓住，就不应该真的实施任何损人害己的报复行动。明智的对策是：你毁你的独木桥，我修我的阳关道。

导读

　　面对美国对某些国家进行的贸易上的刁难，这些国家该采取怎样的对策？相信好多读者朋友会情绪化地提出"报复性"的应对策略。面对这种激愤的情绪，作者却理性地从自由贸易理论入手，阐明"制裁"造成的伤害最终是双方的，既损人又害己。为了深入浅出地阐述道理，作者还形象地把"制裁"比喻为村子与村子之间为妨碍对方做生意而有意在村口"捣毁道路"。文章最后，作者提出明智的对策是"你毁你的独木桥，我修我的阳关道"。整篇文章观点鲜明、思路清晰，作者善于以扎实洗练的言辞把复杂的现象用简单直接的方式说清楚，文章自始至终都透露出一以贯之的坚定、干练和潇洒的风格。

康德未曾出远门[①]

薛兆丰 著

　　一篇"火车票价还不够高"，激起雪片般的批评，而最早一封信是我父亲写来的：表面上，火车票价足够高，就不会有炒票现象；而羊胎素也如是，幸好它的价格不像雪花膏，否则也会发生排长队挤伤人的事故。但细想却不然：没有羊胎素，社会不会乱；但回家过年，百万民工可没有选择余地！所以，羊胎素的贵与火车票的贵看来就有质的不同……

　　后来接到的来信，大半都是这种"实在需要"论。我给父亲回信说：什么是生活必需品，那是很主观的定义。康德上知天文，下通地理，可他从未离开过家乡的几里地；歌德把阿尔卑斯山描绘得有如仙境，可他从未去过；硅谷是美国高科技工业的心脏，可那里因为缺乏电力要歇业；非洲无数儿童患上艾滋病，但如果强迫西方的药商降价，就会打击他们继续研究的热情。

[①]选自薛兆丰《经济学通识》（第二版），北京大学出版社，2015年版。

这个世界"实在需要"的东西太多，每个人的要求都是那么有理、那么迫切，甚至催人泪下。现实可能不受欢迎，甚至令人憎恶，但经济评论的任务，应该是客观地解释真实的世界，而不是给读者发送歪曲的信息，流于用一厢情愿的愿望来博取读者的欢心。而现在的现实是：就算把票价压得再低，也不能增加哪怕一张火车票！父亲，您的好心，并未做成好事。

人的欲望是无止境的，所以世界上的经济商品永远都是稀缺的。这是世界的基本现实！何止火车票，还有纯净水、住宅小区、心脏搭桥手术、网络甚至徐静蕾和崔永元，都是稀缺的。

虽然如此，但只有当商品的定价失当时，才会——而且必定会——引起危机。很多人认为"短缺危机"的原因是商品供给不足。错了！商品从来未曾充足过，而危机却并不是总在发生。只有当商品的定价过低时，才会发生"短缺危机"。价格一旦调高，"短缺危机"就马上消失。宝马轿车和帕瓦罗蒂演唱会就是这样。

同样，商品的"过剩危机"，也不是由于商品供应过多造成的。除非商品的定价过高，否则不会发生"过剩危机"，因为经济商品永远是多多益善的。只要价格适当回落，"过剩危机"就会烟消云散。例如飞机票和彩电。

另外部分来信认为，打破铁路部门的垄断，从而增加运输服务的供给，才是根本的解决办法。这个观点正确，但它离题了。那是"如何增加火车票"的问题；而我们原来的问题是"如何分配有限的火车票"。不管铁路是垄断经营还是开放竞争，都不得不面临"如何分配"的问题，因为经济商品始终是稀缺的。

王则柯教授主张用"火车票实名制"来遏止黄牛党，那他实际上是主张严格执行"先到先得"的标准了。这个办法好，因为有时间亲自提前几天排队的人会赞成。

　　但别的标准，也都能找到大批拥护者，那些标准包括按年龄辈分，或按职务高低，或按离开老家的时间长短，或按文凭证书的多寡等。有闲人士喜欢排队，年纪大的喜欢算辈分，官职高的喜欢比贡献，学历高的喜欢讲尊重知识，无不是这样。争论哪一种标准更"公平"，那是永远没有结果的。

　　竞争标准一旦确定，就有某种人要胜出，某种人要落败，此事古难全。而且无论采用哪种标准，都要浪费一定的竞争成本。若要排队，则浪费了时间；若以年龄、职务、学历为标准，则不仅要浪费填写表格、弄虚作假和稽查核实的成本，还会吸引人们做无谓的努力，比如积极钻营做官、进修不必要的课程等。

　　在众多的竞争标准中，只有一种最有效、最不浪费，那就是"价高者得"。愿意出高价买火车票的人，他所挣得的钞票，是他在别的场合向社会其他人提供服务换来的。也就是说，他为争夺火车票而做出的努力，已经得到了社会其他人的认可。与此对照，"排队"和"写证明"之类的努力，却无法使别人受益。

　　分配有限的商品(如火车票)时，若要论"公平"，那么有九万种竞争标准。经济学无力表态，尽管经济学家们众说纷纭，不过，他们的言论只代表自己，不代表经济学。但若要论"效率"，那么经济学证明，只有"价高者得"的竞争规则，才能减少浪费和刺激生产，从而创造更多有价值的商品和服务。

导读

　　想必读者朋友们在春运的时候曾经历过"一票难求"的情形吧？前些年，伴随着"一票难求"现象出现的，还有票贩子炒票贩票的现象。其背后的经济学理论又是什么？在这篇文章中，作者逻辑清楚地分析了大家"看得见"的现象背后那"看不见"的关于商品经济的知识：商品从未充足过，只有价格定位才是引发商品或短缺或过剩的关键因素；而只有"价高者得"的竞争规则才能刺激人们创造更多有价值的商品和服务。相信作者的以上论断会进一步加深读者朋友对市场经济的认识。

　　从身边的生活现象出发，解读其背后的经济学知识，通过这种方式，作者在读者朋友的心中种下了"经济学"知识的种子。或许这颗种子还没有破土而出，更没有长成参天大树，但是相信你已经变了，因为思维的种子已然种下。

论　堵[①]

薛兆丰　著

北京也以"堵"扬名。事实上，治堵不算难，"按时间路段收费"即可收立竿见影之效；值得深究的是：为什么人们都在试图抗拒有效的方法，转而求助于适得其反的下策。

道路的作用是疏导交通；被疏导的交通的价值越高，道路的价值就越高，这是机场跑道与乡间小路之间的区别。严重的拥堵，可以让高价值的机场跑道沦落为乡间小路；而治堵的目标，就是要设法让道路所实现的价值达到最大，即确保在任何时段，都让对使用道路的需求为最高的车辆顺利通过。这目标清楚，而许多带来反效果的措施，都是因为把这一目标与其他目标混为一谈造成的。

从经济学看，道路不是公用品(public goods)，而是私用品(private goods)。所谓公用品，指的是一个人用不影响其他人用的物品。典型的例子是音乐旋律、故事情节、科学定理等。公用品既可以由政府提供，

---

①选自薛兆丰《经济学通识》（第二版），北京大学出版社，2015年版。

如公共电视台的节目，也可以由个人提供，如带版权的电影和书籍。

私用品，指"一个人用了别人就不能用"的物品，包括粮食、电力、用水、医疗服务、教育设施、国家公园、交通工具和公路航道等。私用品也是既可以由政府提供，也可以由个人或私营机构提供的。关键是，不论谁提供，也不论提供者是否向使用者收费，私用品的"一个人用了别人就不能用"的属性不变。公路就是这样：尽管它很可能是政府铺设的，而政府也很可能不收费，但一条车道，一辆车用了，别的车就不能同时同地使用，所以才会发生拥堵。其他私用品，也一概如是。

因此，尽管政府提供了私用品，但政府模仿私营机构的做法，向使用者收费，就仍然具有双重意义。一，收费能区分使用者的需求，能把"一个人用了别人就不能用"的私用品，分配给需求更大的人。二，收费能帮助政府进行成本核算，让政府好像私营机构那样了解他们提供的设施是否划算，从而为将来的公共建设规模提供指南。

很多人一般地反对"用者自付，按价交费"的资源分配办法，动不动就质问"穷人怎么办"。他们不明白，按"价高者得"原则筛选出来的不是贫富，而是需求的大小。富人也有不肯出价的时候，穷人也有很肯出价的时候。要是路权是按拥堵费分配的，那么一个躺在救护车里的贫穷孕妇，是否比一个载女儿上芭蕾舞班的富人更愿意支付拥堵费？一群挤公交的上班族，凑起来的钱是否更容易让一个只身去做美容的家庭妇女让路？显然，市场机制为需求更高的穷人提供了随时战胜需求较低的富人的机会，而其他行政管制手法，则只会削弱穷人的这种机会，并巩固那些行政手段丰富的人的优势。

可能有人会说，政府收的钱已经够多了。这确实是个问题。但私用品——哪怕是由政府提供的私用品——是否应该收费，与收取的费用应该用于何处，是两个不同的问题。政府分文不收拥堵费，与收取足够高的拥堵费后把收入全部均分给全体市民，这两种做法虽然都能阻止政府增加收入，但对治理拥堵的效果是完全不同的。广州地铁试行免费乘车的经验，是绝好的旁证。假如对地铁这种私用品完全不收费，那么哪怕是需求很低的人也都会涌来；相反，收费后把收入返还给居民，需求低的乘客就会主动回避高峰。

北京的道路不是"到处始终"拥堵，而是"某时某地"拥堵，治堵的办法没有比"按时按段收费"更精准了。越接近这个原则的治堵方案就越有效，越远离这个原则的治堵方案就越无效。例如，提高燃油费就难以有效治堵。这个办法不但会让在非繁忙时段行车的车主吃亏，同时还鼓励了已经缴纳了高额燃油费的车主，去争用本来已经稀缺的道路时段。人们可能还会到周边地区购买汽油，并由此引发管制带来的无谓浪费。不公平加剧了，拥堵则并没有减少。

相似地，企图通过提高牌照费的办法来治堵，也是隔靴搔痒，没抓到要害。管制者没有理由推断外地车对北京道路的需求低于本地车。相反，一般愿意老远开来的汽车，反而应该比在本地的汽车，有更急迫的事情要办。然而，管制者如果不对外地车牌采取歧视性的限制，提高北京车牌牌照费的做法就难以收到任何治堵的效果。由此看来，通过提高牌照费的办法来治堵，造成的问题恐怕要比解决的问题更多。

再有，之前颁布实施的"摇号发牌"的办法，无论其优劣，无论人们是否会形成一个地下市场来冲抵它的作用，都与"按时按段收费"的办法不沾边。所谓"治堵"，是说现在京城的某些时间某些路段已经太堵了，而不是将来可能堵。即使从此停止发牌，也无助于解决目前的拥堵。

除此以外，我们还能听到各式各样的治堵建议，包括"优化道路规划""发展公共交通设施""缩小城乡差别""公布政府机构购车用车的详情"，甚至是"让政府部门搬迁到五环外的郊区"，等等。客气地说，远水救不了近火；不客气地说，建议者根本就不想在可见的将来看到北京的拥堵得到改善。为什么？建议者们忘掉了"治堵"的目标，那就是确保对使用道路的需求为最高的车辆顺利通过；相反，他们把"治堵"理解为"治理社会"，把许多其他的愿望和目标，都与治堵等同起来，甚至置于治堵之上了。

这是说，大家不妨讨论如何优化这些外界条件，讨论如何改道、如何发展公交、如何限制公权力，但这些问题本身不是治堵的目标。我们不能先放弃"按时间路段收费"这一直接达到目标的办法，退而指望去改变那些间接的因素来治堵。同样的道理，大家不难理解，只要食物供不应求，那么餐厅就应该实施"按质按量"收费办法，而不是指望彻底改善了公款吃喝的现象后才让餐厅收费。鸡肉紧俏了，鸡肉就应该贵，而不是漫无边际地讨论如何增加牛肉的供应，进而讨论如何建设一个理想社会以致顺带使得鸡肉不用涨价。

至于"按时间路段收费"应该如何实施，短平快的办法之一，就是先设定"适度拥堵"的行车速度，以此为目标，实时调整道路的拥堵费率，用电子显示牌和无线广播等办法公示，通过摄像头来记录经过的车辆的车牌，事后通知并征收拥堵费。可以想见，经过一段时间的调整，不同时段的拥堵费率就会稳定下来，车主就能形成较准确的预期。如果人们过去按预期可以说"你周一早上六点从机场到北大东门是不会堵车的"，那么实施"按时间路段收费"后，人们就可以这样预言："你周一早上八点从机场到北大东门也是不会堵车的，但一般要交二十元的拥堵费。"

为什么人们总是用这样那样的理由，排斥"按时间路段收费"的办法？我想央视特约评论员王志安先生对公众心态做了准确的概括："治堵可以，但不可以妨碍自己的利益。"其结果，显然是大家的利益都受到严重损害，纳税人出资铺设的道路极大地贬值。

导读

随着现代生活的发展，交通堵塞成为城市中的常见现象，每每在节假日或者上下班的高峰时期，就会出现车多拥挤且车速缓慢的现象。如何解决这个现象呢？尤其在北京这样的大都市。是减少汽车使用率，还是优化道路规划，还是大力发展公共运输系统，还是进行拥堵路段收费？在诸多的意见中，作者出人意料地赞同"按时间路段收费"的方法，并且认为这个方法有立竿见影之效。读者朋友是不是很惊讶？然而读完这篇文章，你却不得不对作者的观点表示赞同，甚至会体验到某种豁然开朗的感觉。

的确，文章中的观点有随时烧毁常识的冲击感，但是它一经接触，必会深深植入你的头脑，让你欲罢不能，反复思考。当然，在此过程中，读者朋友们也会体味到思考的快乐。

自然

　　人类是自然的一部分，自人类诞生之日起，人类与自然便相互影响，相互制约。人类作为自然之子，最初的祖先来自于大自然，最终的归宿也只能是大自然。然而随着现代社会生活的发展，人类正日复一日地疏离自然，人们渐渐离开乡村，聚居城市。"自然缺失症"导致人类感官的逐渐退化和对动植物的漠视，人们对人与人之间社会关系的重视程度超过了对人与自然关系的重视。本单元选取的篇章，始终保持着与大自然的亲近，对自然的热爱一以贯之，读者朋友们可以从中体味到大自然给予人类的振奋人心的勇气，并从那不可思议的神秘自然中得到思想的启迪、性格的塑造和情怀的陶冶。

我家的财富[①]

[日] 德富芦花 著　陈德文 译

一

房子不过三十三平方，庭院也只有十平方。人说，这里既褊狭，又简陋。屋陋，尚得容膝；院落小，亦能仰望碧空，信步遐思，可以想得很远，很远。

日月之神长照。一年四季，风雨霜雪，轮番光顾，兴味不浅。蝶儿来这里欢舞，蝉儿来这里鸣叫，小鸟来这里玩耍，秋蛩来这里低吟。静观宇宙之大，其财富大多包容在这座十平方的院子里。

二

院里有一棵老李，到了春四月，树上开满了青白的花朵。碰到有风

---

①选自《自然与人生》，人民文学出版社，1998年版。

的日子，李花从迷离的碧空飘舞下来，须臾之间，满院飞雪。

邻家多花树，飞花随风飘到我的院子里，红雨霏霏，白雪纷纷，眼见满院披上花的衣衫。仔细一看，有桃花，有樱花，有山茶花，有棠棣花，有李花。

三

院角上长着一棵栀子。五月黄昏，春阴不晴，白花盛开，清香阵阵。主人沉默寡言，妻子也很少开口。这样的花生在我家，最为相宜。

老李背后有棵梧桐，绿干亭亭，绝无斜出，似乎告诉人们："要像我一般正直。"

梧叶和水盆旁边的八角金盘，叶片宽阔，有了它，我家的雨声也多了起来。

李子熟了，每当沾满了白粉的琥珀般的玉球骨碌碌地滚到地面的时候，我就想，要是有个孩子，我拾起一个给他，那该多高兴啊！

四

蝉声凄切之后，世界进入冬季。山茶花开了，三尺高的红枫像燃着一团火。房东留下的一株黄菊也开了。名苑之花固然娇美，然而，秋天里优雅闲寂的情趣，却荟萃在我家的庭树上了。假若我是诗翁蜕岩，我将吟咏"独怜细菊近荆扉"，使我惭愧的是我不能唱出"海内文章落布衣"的诗句来。

屋后有一株银杏，每逢深秋，一树金黄，朔风乍起，落叶翩翩，恰如仙女玉扇坠地。夜半梦醒，疑为雨声；早起开门一看，一夜过后，满庭灿烂。屋顶房檐，无处不是落叶，片片红枫相间其中。我把黄金翠锦都铺到院子里了。

五

　　树叶落尽，顿生凄凉之感。然而，日光月影渐渐增多，仰望星空，很少遮障，令人欣喜。

导读

德富芦花（1868—1927），生于日本熊本县，日本近代著名的小说家、散文家。由于他的人道主义精神和较高的文学素养，留下了《黑潮》《不如归》等震惊世人的名作，更有文笔优美的散文集《自然与人生》等流传于世。

他的散文是描写自然与人生的典范之作，作品多录入中学课本，成为美感教育的范文。在《自然与人生》中，他采颉大自然的景色，以简洁、疏朗的文笔营造如同山水画般悠远的意境，抒发个人感怀。大自然在作者生花妙笔的点染下，充满了灵性，可供作者任意去留，随处赏玩，呈现出生机勃勃、意趣盎然、令人神往的美。自然，是作者心灵的财富。

这篇文章短小精悍，文笔雅致，行文樱花般优美，流水般迷人。庭院虽小，在春夏秋冬的更替间，目之所及皆为自然的美景。一幅幅精美的图画处处透露着浓浓的生活情趣，细微之处暗含作者的独特感受，散发出作者不同凡俗的雅趣与才情。

各种的声音①

叶圣陶 著

各种的声音引起我们各种的情趣、各种的想象。

早上醒来,眼睛还没有张开,听见碎乱的一片小鸟叫声,就知道晴明的阳光在等着我们了。傍晚的时候,听见乌鸦一阵阵地呼噪,就知道人家的烟囱里要吐出炊烟来了。

鸭儿成群游泳,嘎嘎地叫着,使我们想起江南的春景。鹰儿在明蓝的天空中盘旋,徐徐地发出尖锐的鸣声,使我们想起北地的清秋。

夏天,树枝一动不动,送出一片的蝉声来,我们只觉得很寂静。秋天的夜里,围绕屋子都是秋虫的声音,我们也觉得很寂静。同样的寂静却又有不同:蝉声带着热味,而秋虫声带着凉意。

人家聚集的地方也就聚集着鸡和狗,所以一听见鸡啼、狗叫,我们便感觉群众聚在一起的热闹情味。可是我们到动物园里去,听见了狮子的一声吼叫,即使旁边有着许多的游客,总似乎感觉独个儿留在深山荒

---

①选自《叶圣陶散文》,人民文学出版社,2018年版。

野里了。

水声是很有趣味的。小溪好像一个人在那里轻轻地弹琴，瀑布好像许多人在那里不断地打鼓，弹琴固然寂静，打鼓也不觉得喧闹。大江、大海的声音却像山崩路陷，带着一种惊天动地的气势，我们听了只觉得自己的微弱，连口都不敢开了。

走进都市里，便到处听见人为的声音。火车和汽船呜呜地响着汽笛，各种车辆发出各种的声音，有些店家奏着招引买客的音乐，有些小家开着无线电收音机。如果走近工厂，便听见机器运动的声响，很有规律，显示巨大的力量。这些都是人类文化的声音，情趣和前面说的那些声音自不相同。

各种的声音引起我们各种的情趣、各种的想象。

导读

　　叶圣陶(1894—1988)，原名叶绍钧，现代作家、教育家、文学出版家和社会活动家。著有小说《隔膜》《线下》《倪焕之》等，散文集《脚步集》《西川集》等，童话集《稻草人》《古代英雄的石像》等，编辑过几十种课本，写过十几本语文教育论著。

　　他的散文感情朴实，意趣隽永，语言洁净。这篇文章以洁净隽永的语言，细致地描述了各种美妙的声音。春天，小鸟碎乱地啼鸣，乌鸦阵阵地呼噪，鸭子成群，鹰儿盘旋。夏天，蝉鸣。秋天，虫鸣。家里的声音，动物园里的声音，水声，小溪、瀑布的声音，大江、大海的声音……它们引起我们各种的兴趣和想象，让我们联想起北地与江南，炎热与凉意，寂寞与喧嚣……这是来自大自然的美妙乐曲。面对来自都市的人为的各种声音，作者并没有厚此薄彼，而是以同样欣赏的心情感受那来自人类本身的巨大力量。体味来自人世间的这种种声音，就是在体味生活本身。

桑　树①

毕飞宇　著

　　人是由猴子变来的，这个说法很容易得到乡下孩子的认可，道理很简单，乡下的孩子像猴子一样喜欢树。大人们也喜欢树，但是，他们有他们的理由，都是功利性的。大的功利是这样的："植树造林，绿化祖国"；小的功利则有些笑人，他们在墙上写道："要想富，少生孩子多养猪；要想富，少生孩子多种树。"

　　祖国绿不绿、家庭富不富，这些和我们没关系。我们就是喜欢爬树，爬过来爬过去，树不再是树，成了我们的玩具了。有一点我要强调一下，我说树是"我们的玩具"可不是比喻，是真的。我们没有变形金刚，没有悠悠球，没有四驱车，不等于我们没有玩具。我们是自然人，只要我们想玩，所有的一切都可以成为玩具，脚丫子都是。脚丫子最多只能开四个叉，可一棵树能开多少个杈？数都数不过来的。

　　爬树最难攻克的是树干部分，它们可不是脚丫，不开杈，没有"把

①选自《那些无言的离别忧伤》，九州出版社，2015年版。

手"。我们的办法是"蛙爬"。"蛙爬"这个词是我发明出来的，简单地说，就是像游蛙泳那样往上爬——先趴在树上，胳膊抱紧了，两只脚对称地踩在粗糙的树皮上，用力夹稳，一发力，身躯就蹿上去了，同时，胳膊往上挪，再抱住。以此类推。说到这里你就明白了，从表面上看，爬树考验的是腿部的劲道，其实不全是，它考验的还有胳膊的力量。如果胳膊的气力不足，没能死死地铆住树干，你的身躯就滑下来了。这一滑可就惨了，不是衣服被扯破，就是皮肤被擦破，也可能是衣服、皮肤一起破。

村子里到处都是树，但我们也不会不讲究，不会逮着什么就爬什么。正如商场里的玩具可以标出不同的价格一样，我们眼里的树也是明码标价的。最好的，最贵的，只能是桑树。

我们的定价理由是这样的：

第一，桑树不像槐树、杨树那么高，它矮小，枝杈也茂密，这一来爬到桑树上去就相对容易、相对安全了，即使掉下来也不会怎么样。但这一条不是最为关键的，楝树也不高大，我们几乎不爬它。楝树的木质有一个特性：脆。脆里头有潜在的危险，在它断枝的时候，咔嚓一声屁股就着地了，一点儿缓冲都没有。这就有了第二点。第二，桑树的木质很特别，它柔，它韧，有充足的弹性。即使桑树的枝丫断了，那也是藕断丝连的，最后能撕下好大好长的一块树皮——摔不着的。在这里我愿意普及一个小小的常识：做扁担的木料大都是桑树，主要的原因就是桑树的弹性好。弹性可以最大限度地减轻重力对肩膀的冲击。弹性的美妙就在这里，当我们爬上桑树，站在树枝上，或坐在树枝上，或躺在树枝上，只要轻轻发力，我们的身体就晃悠起来了，颠簸起来了。那是美不胜收的。荡漾不只是美感，也是快感。

通常，我们三五一群，像巨大而笨拙的飞鸟，栖息到桑树上。鸟要"择木而居"，我们也"择木而居"。我们选择了弹性、韧性和荡漾。

我实在记不得我们在桑树上度过了多少美妙的时光，那样的时刻大多在傍晚，也可以说，黄昏。很寂寞，很无聊，很空洞。这个空洞可能是心情，但更可能是胃。我们的食物是低蛋白的，一顿午餐绝不可能支撑到晚饭时间。在饥饿的时候，我非常渴望自己是一只鸟，这不是该死的"文学想象"，是切实的、普通的愿望。我希望我的腋下能长出羽毛来，以轻盈和飞翔的姿态边走边吃。当然了，饿了也没有关系，我们有桑树，桑树的树枝在晃悠。桑树的弹性给我们送来快乐，这快乐似是而非，不停地重复。

重复，我想我终于说到问题的关键了。我们的晃悠在重复，日子也在重复。重复真是寂寞，那些傍晚的寂寞，那些黄昏的寂寞。我都怕了黄昏了，它每天都有哇，一天一个，哪一个都不是省油的灯。

我儿子五六岁的时候，我已经是一个年近四十的中年人了。有一天的傍晚，我和我的儿子在小区的院子里散步，夕阳是酡红色的，极其绵软，很大，漂亮得很。它骄傲地，也可以说寥落地斜在楼顶上。利用这个机会，我给儿子讲了李商隐。现成的嘛，"夕阳无限好"嘛。我万万没有想到的是，小家伙的眼里闪起了泪光，他说他"最不喜欢"这个时候，每天一到这个时候他就"没有力气"。作为一个小说家，我是骄傲的，我的儿子拥有非凡的感受能力，也许还有非凡的审美能力。但是，作为一个父亲，我突然就想起了那些"遥远的下午"。在乡村的一棵桑树上，突然多了一个摇摇晃晃的孩子，然后，又多了一个摇摇晃晃的孩子。我没有给孩子讲述他爸爸的往事，我不希望我的孩子染上伤感的气息——那是折磨人的。从那一天开始，我每天都要在黄昏时分带着我的孩子踢足球，我得转移他的注意力，我要让他在巨大的体能消耗当中快快乐乐地赶走那些该死的忧伤。差不多是一年之后了，在同样的时刻，同样的地方，我问我的儿子："到了黄昏你还没有力气吗？"儿子满头是汗，老气横秋地说："那是小时候。"这个小东西，从小就喜欢把一年之前的时光叫作"小时候"。苏东坡说："人皆养子望聪明，我被聪明误一生。唯愿孩儿愚且鲁，无灾无难到公卿。"我不是苏东坡，我的儿子也不会去做什么"公卿"。可无论如何，做父亲的心是一样的。

我要说，乡村有乡村的政治，孩子们也是这样。我们时常要开会。所谓开会，其实就是为做坏事做组织上的、思想上的准备。到哪里偷桃，到哪里摸瓜，这些都需要我们做组织上的安排和分工。我们的会场很别致，就是一棵桑树。这就是桑树"高价"的第三个原因了。世界上还有哪一种玩具可以成为会场呢？只有桑树。一到庄严的时刻，我们就会依次爬到桑树上去，各自找到自己的枝头，一边颠，一边晃，一边说。那些胆小的家伙，那些速度缓慢的家伙，他们哪里有能力爬到桑树上来？他们当然就没有资格做会议的代表。我们在桑树上开过许许多多的会议，但是，没有一次会议出现过安全问题。我们在树上的时间太长了，我们拥有了本能，树枝的弹性是怎样的，多大的弹性可以匹配我们的体重，我们有数得很，从来都不会出错。你见过摔死的猴子没有？没有。开会早已经把我们开成经验丰富的猴子了。总有那么一天，老猴子会盘坐在地上，对着它的孩子们说：孩子，记住了，猴子是由乡下的孩子们变来的。

既然说到桑树，有一样东西就不该被遗忘，那就是桑树果子。每年到了季节，桑树总是要结果子的。开始是绿色，很硬，然后变成了红色，还是很硬。等红色变成了紫色，那些果子就可以被当作高级水果来对待了，它们一下子柔软了，全是汁液。还等什么呢？爬上去呗。一同前来的还有喜鹊和灰喜鹊，它们同样是桑树果子的发烧友。可它们也不想想，它们怎么可能是我们的对手？它们怕红色，我们就用红领巾裹住我们的脑袋，坐在树枝上，慢慢地吃，一直到饱。它们只能在半空中捶胸顿足，每一脚都是踩空的。它们气急败坏，我们就喜气洋洋。

到了大学一年级我才知道，桑树果子是很别致的一样东西，可以

"入诗"。它的学名优雅动人，叫桑葚。"于嗟鸠兮，无食桑葚。于嗟女兮，无与士耽。士之耽兮，犹可说也。女之耽兮，不可说也。"不要摇头晃脑了吧，《诗经》的意思是说：美女啊，不要吃桑树果子，吃多了会上男孩子的当。男孩子上当了可以解脱，女孩子一上当你就玩儿完了。这是怎么说的，桑树怎么会长出迷魂药来？无论《诗经》多好，它的这个说法我都不能同意。在我看来，女孩子不仅要吃桑葚，还得多吃。

　　解馋是次要的，关键是能把口红的钱省下来。吃桑葚多魔幻哪，嘴唇乌紫乌紫的，像穿越而来的玄幻女妖，另类、妩媚。男孩子上她们的当才是真的。

　　所以啊，我要说第四了，桑树也是好吃的玩具。

导读

毕飞宇，1964年生于江苏兴化，当代作家，凭借个人鲜明的风格惊艳文坛。代表作品有《青衣》《推拿》等。作品多次获奖，其中《推拿》获八届茅盾文学奖。

毕飞宇不仅是一位小说家，同时也是一位趣味盎然的散文写作者。他的散文不受任何章法的束缚，个性鲜明。《桑树》中，毕飞宇把他儿时的情状真切地袒露在我们面前。在贫穷与寂寞中，他和小伙伴们一起爬到桑树上，在风吹草动间寻找快乐。他们把树当成玩具，跟树亲密相拥。他们对各种树木了如指掌，以至于能够区分不同树木的质地、弹性和韧性。他们把自己当成鸟儿或猴子择桑木而栖……他们成了桑树的一部分，作为自然人嬉戏于自然，张扬而快乐，当然，除了那些因为胃和情绪上的空洞带来的隐隐忧伤。

春之怀谷①

张晓风　著

春天必然曾经是这样的：从绿意内敛的山头，一把雪再也撑不住了，扑哧的一声，将冷面笑成花面，一首渐渐然的歌便从云端唱到山麓，从山麓唱到低低的荒村，唱入篱落，唱入一只小鸭的黄蹼，唱入软溶溶的春泥——软如一床新翻的棉被的春泥。

那样娇，那样敏感，却又那样混沌无涯。一声雷，可以无端地惹哭满天的云，一阵杜鹃啼，可以斗急了一城的杜鹃花。一阵风起，每一棵柳都吟出一团团白茫茫、虚飘飘、说也说不清、听也听不清的飞絮，每一丝飞絮都是一株柳的分号。反正，春天就是这样的不讲理、没逻辑，而仍可以让人心平气和。

春天必然曾经是这样的：满塘叶黯花残的枯梗抵死苦守一截老根，北地里千宅万户的屋梁受尽风欺雪扰，犹自温柔地抱着一团小小的空虚的燕巢。然后，忽然有一天，桃花把所有的山村水廓都攻陷了，柳树把

---

①选自《——风荷举》，作家出版社，2010年版。

皇室的御沟和民间的江头都控制住了——春天有如旌旗鲜明的王师，因为长期虔诚的企盼祝祷而美丽起来。

而关于春天的名字，必然曾经有这样的一段故事：在《诗经》之前，在《尚书》之前，在仓颉造字之前，一只小羊在啮草时猛然感到的多汁，一个孩子在放风筝时猛然感到的飞腾，一双患风湿痛的腿在猛然间感到的舒活，千千万万双素手在溪畔在江畔浣纱时所猛然感到的水的血脉……当他们惊讶地奔走互告的时候，他们决定将嘴噘成吹口哨的形状，用一种愉快的耳语的声量来为这季节命名——"春"。

鸟又可以开始丈量天空了。有的负责丈量天的蓝度，有的负责丈量天的透明度，有的负责用双翼丈量天的高度和深度。而所有的鸟全不是好的数学家，他们叽叽喳喳地算了又算，核了又核，终于还是不敢宣布统计数字。

至于所有的花，已交给蝴蝶去数。所有的蕊，交给蜜蜂去编册。所有的树，交给风去纵宠。

而风，交给檐前的老风铃去——记忆、——垂询。

春天必然曾经是这样的，或者，在什么地方，它仍然是这样的吧？穿越烟囱与烟囱的黑森林，我想走访那蹒跚在湮远年代中的春天。

导读

　　张晓风，1941年生于浙江金华。中国台湾著名散文家。获得多个华语文学大奖。主要作品有《白手帕》《红手帕》《春之怀谷》等。

　　她的散文清秀而伶俐、空灵而温暖，既忘情于古典又纵身于现代，亦秀亦豪之间蕴蓄着浓得化不开的情。

　　《春之怀谷》篇幅虽短，却满含着张晓风柔婉刚劲的功力。尤其令人叹服的是多种修辞方法的综合运用，拟人、排比、比喻、通感等修辞方法的交错替换使语言呈现出一种张力，将春回大地的欣悦之情传神地表达出来。然而这样的春天只是作者理想中的春天，或者是"曾经有过的"春天，美丽的春天早已湮没于遥远的年代，湮没于烟囱与烟囱的黑森林……行文戛然而止，只剩下无限的惆怅在击打心扉。

下　雨

张炜　著

以前的下雨才是真正的下雨。"下雨了！下雨了！"人们大声呼喊着，把衣服盖在头顶上往回跑，一颠一颠地跑，一口气跑过大片庄稼地，跑过荆条棵子，蹦蹦跳跳跨到小路上，又一直跑回家去。

雨越下越大，全世界都在下雨。

如果天黑了雨还不停，那就可怕了。风声雨声搅在一起，像一万个怪兽放声吼叫。我们这儿离海只有五六里远，奇怪的大雨让人怀疑是那片无边无际的大水倾斜了。

天黑以前父亲在院里奔忙。他冒雨垒土，在门前筑起一道圆圆的土坎，又疏通了排水沟。这样雨水就不易灌进屋里。不然，半夜里漂起脸盆冲走鞋子，都是再经常不过的事情了。

妈妈说，我们搬到这个荒凉地方就没安生过。树林子里野物叫声吓人，它们说不定什么时候就跳出来，咬走我们的鸡、兔子。本是养了狗护门，可是好几次狗脸都让野物爪子撕破了。这个荒凉的地方啊，大雨瓢泼一样，最大的时候你听，就像小孩儿哭："哇……"

是爸爸使我们来到这个荒无人烟的地方。茫茫的海滩上偶尔有采药的、到海边上拣鱼的人走过去。要穿过林子向南走很远，才看得见整齐的、大片的庄稼地，看见一个小小的村子，看见那些做活的人在雨中奔跑。

我有时并不慌慌地跑，因为白天的雨只好玩，不吓人。

让雨把浑身淋透吧，让衣服贴在身上，头发也往下淌水吧！让我做个打湿了羽毛的小鸟在林子里胡乱飞翔。雨水把林中的一切都改变了模样，让蘑菇饱胀着，伞顶儿又鼓又亮，从树腰、树根、草丛中生出来，红红的、黄黄的。有的鸟不敢飞动了，躲在密密的叶子里；有的大鸟什么也不怕，嘎嘎大叫。我亲眼看见有一只大狐狸在雨中翘起前蹄，不知为什么东张西望。水饱饱地浇灌着土地，地上的枯枝败叶和草屑吮饱了水分，像厚厚的干饭被蒸熟了，胀了一层，小小的壳上有星的虫子在上面爬。老橡树的每一条皱纹里都流着水。咔啦啦，有棵老树在远处倒下了，我听见四周的树都哭了。地上有一大簇红花，仿佛被谁归拢在一块儿，红得发亮。

"这个孩子还不回来！"我听见妈妈在小屋里不耐烦地、焦躁地咕哝了。

其实这有什么可担心的，我又没有到海上去玩。有一次去海上玩我差一点儿被淹死——那是大雨来临之前的一阵大风，推拥上一连串的巨浪，把我压在了下边。我飞快地划动两手往岸上逃，结果还是来不及。总之差一点儿被淹死。当时大雨猛地下起来，一根一根抽打我。看看大海那一边的云彩吧，酱红色！多么可怕的颜色啊！

记得那一次我撒开腿往回跑，不知跌了多少跤。我朦朦胧胧觉得身后的大海涌来了，巨大的潮头把我追赶，一旦追上来，一下子就把我吞噬了。我的脸木木的，那是吓得。天上的雷落到地上，又在地上滚动，像两个穿红衣服的女人在打斗，一个撕掉了另一个的头发。轰轰的爆响就在我的脚下，我觉得裤脚都被烧得赤红。我趴在地上紧闭双眼，一动不动。我好不容易才抬起头，紧接着有个巨雷不偏不倚，正好在我的头顶炸响了……那是多么可怕的奔逃啊！

从那以后我知道了四周藏满了令人恐惧的东西，特别是雨天的大海。

导读

张炜，1956年生于山东龙口，当代作家，祖籍山东栖霞。代表作有长篇小说《古船》《九月寓言》等，同时也创作了许多优秀的中、短篇小说和散文、诗歌。

张炜在创作小说的同时，自觉地投身于散文创作。张炜的童年曲折坎坷，他在野地里跋涉，在自然中欢畅。张炜是乡村的歌者，大海和大地构成了散文的主要内容。他忠诚地记录着大地上的草木、云霓、雷雨、收获、泪水、困厄与无奈。在他的笔下，自然并不全然是可亲的，有时候也会露出可怕的面容。《下雨》写了一个海边孩子对雨的"怕"与"爱"：白天的雨只好玩儿，不可怕；在大风和巨浪助力下的雨却差点把人淹死，原来人的四周"藏满了令人恐惧的东西"。这是一种因为没有长大，能力不足，无法面对自然界巨大力量的感觉。不知道读者朋友有没有过这样的经历？

人生

　　正如世界上没有完全相同的两片叶子一样，世界上没有完全相同的人生。我们欢喜，我们忧伤，我们兴奋，我们沮丧……在生活的喜怒哀乐中，我们一路成长。这成长如此可贵，有书香和家人的爱长情相伴；这成长如此残酷，生活在不期然中呈现出狰狞的一面。一段一段的时光，一段一段的沧桑，无论甜蜜还是疼痛，最终都会变为成长的轨迹。于是我们明白，人生总会有许多无奈：苦过，才知甜蜜；痛过，才懂坚强；傻过，才会成长。在逐渐流逝的岁月中，我们最终迎来了生命的一树花开。或许生命原本就是不断地受伤和不断地复原的过程，相信世界依然是一个温柔地等待我们成熟的果园。

西瓜的故事[1]

董宏猷 著

西瓜是个好东西

西瓜是个好东西。

在以火炉著称的武汉，在武汉热得人"求生不得求死不成"的酷暑，西瓜更是个好东西。

绿皮、红瓤、黑籽的西瓜，切成一块一块，罩在透明的玻璃柜里，高高翘起两只角，诱惑着行人的眼。可恶的西瓜摊主穿一件背心，腆起浑圆的肚子，坐在绿色的树荫下，有滋有味地品着一块西瓜，诱惑着顾客。一口咬下，瓜瓤缺了一块，瓜汁便像小溪一样顺着他的嘴角他的指缝稠稠地流淌。他还故意慢慢地咀嚼，故意哼哼唧唧地装出一副惬意的样子，还闭上眼(当然是假闭着，他得防止我们趁机偷瓜)，然后亮起嗓子一声吆喝："呃——好甜的西瓜唻——好甜好甜，不甜不要钱

---

①选自《少年世界》，1991年第1期。

唉——"

没有一个小孩能顶住西瓜的诱惑。

但是我们没有钱买瓜。

我们只有像苍蝇一样叮在西瓜摊旁看人家吃瓜。

看人家吃瓜是一件愉快的事情，也是一件痛苦的事情，当然，更是一件需要丰富想象力的事情。我不知道我现在写诗写散文写小说的艺术想象力是不是在看人家吃瓜时锻炼出来的。总而言之，那时我虽然只有十岁，但看人家吃瓜的"看龄"已经不短了。初看人家吃瓜，是看不了几个时辰的，首先是吃瓜人的目光满含着轻蔑、鄙夷，从眼角斜射过来，比酷夏的阳光还要毒辣；其次是吃瓜人的牙齿一口咬住西瓜时，你觉得是一口咬住了你饥渴难忍的胃，禁不住一阵痉挛；然后是吃瓜人一口一口地咬着，咀嚼着，吞咽着，你的嘴也会情不自禁地应和着，一下一下地咬着、咀嚼着、吞咽着。每一次的咀嚼，都使你的胃充满希望，可每一次吞咽又使你的胃感到了失望。于是，在这希望与失望的交替折磨中，你的胃会发疯般地疼起来，要么抱着肚子蹲在水沟旁呻吟，呕吐；要么像饿狼一样暴跳起来，从吃瓜人手中夺过残缺的西瓜，一边疯狂地逃跑，一边疯狂地啃着那瓜皮，让那瓜汁糊得满脸，然后站住，将瓜皮砸向那吃瓜人，然后与吃瓜人对骂，然后得意扬扬地凯旋。

我曾经蹲在水沟旁翻肠倒胃地呕吐过，但是我敢向老天发誓，我没抢过人家手里的西瓜。

我能够整天整天地看人家吃瓜。

我能够全神贯注地盯着吃瓜人的嘴，看那黑洞洞的口腔如何张开，看那白瓷瓷的牙齿如何抓住了饱含着水汁的瓜瓤，看那鼓囊囊的腮帮如何拱动，然后，看吃瓜人的脖子如何扯动……我会情不自禁地想象是我正在吃瓜，红瓤的瓜，黄沙瓤的瓜，大籽瓜，小籽瓜，未熟透的生瓜，熟过了头的瓜，脆生生的瓜，甜蜜蜜的瓜。我感到瓜瓤像一层一层的薄冰在春风中融化了，汇成了一条一条凉丝丝的小溪，滋润着我的嘴，我的喉，我的食管，我的肠胃，甚至我的每一个细胞……我便感到了一阵轻微的战栗，一种舒适的松弛。吃瓜人在我的眼中一下子模糊了，虽然我正目不转睛地盯着他。

在那炎热的夏季，我便这样"吃"瓜。

唉，西瓜真是个好东西。

西瓜的三种吃法

夏季的西瓜如此金贵，可一般的吃瓜者只吃瓜瓤，将瓜子吐掉，将瓜皮扔掉，花了钱，只买到一种吃法。其实瓜子和瓜皮都是好东西，吃西瓜，便应该包括吃瓜子和吃瓜皮，不然的话，只能叫"吃瓜瓤"。

长江边的孩子像苍蝇一样叮在西瓜摊旁，主要是争夺那些"吃瓜瓤"的人扔下的瓜皮和吐掉的瓜子。

瓜皮可以做菜。将捡来的瓜皮刮净洗净，切成丝，切成片，用盐腌了，然后热炒，便是夏季喝稀饭时爽口的下饭菜。妈常常是滴几滴醋，下一点辣子，做成酸辣西瓜皮。流了一天的臭汗，我能就着这可口的酸辣西瓜皮，一口气喝几大碗稀饭。

当然，虽然我家人多，但一顿饭也只需要几块西瓜皮。捡的西瓜皮主要是做"泡菜"。我从小就没有父亲，一家五口人，全靠母亲一人在码头给搬运工人缝缝补补，洗洗浆浆过日子。我和姐姐、弟弟三个人要上学读书，还有外婆长年瘫在床上，日子自然是过得很清苦。外婆有个祖传的彩釉泡菜坛子，常年泡着萝卜、菜梗、辣椒、扁豆、大蒜、生姜，自然还有西瓜皮。这些菜是我从码头上捡来的，江水里捞起的。码头上只装卸西瓜，而不装卸西瓜皮，我便要在炎热的夏季，守候在西瓜摊旁捡瓜皮。

至于西瓜子呢，那便是我家过年时待客的主要茶点了。每年夏季，我都要捡好多好多的西瓜子，姐姐便帮着母亲将瓜子冲洗、晒干。过年前夕，母亲再将瓜子或用盐炒，或用酱油、五香、八角一煮，又脆又香。年过后倘有多余的瓜子，便用旧报纸包成一个个小包，摆在母亲的缝补摊前，五分钱一包。搬运工都爱嗑我家的瓜子，往往是供不应求。于是第二年夏天，我便拼命地再去捡瓜子。

我没有父亲，我便是家中第一名男子汉。我必须在酷暑盛夏去捡西瓜皮，双手端着竹簸箕从吃瓜人口中接吐出的瓜子。扔在地上的西瓜皮，苍蝇去抢，我也去抢，我便成了一只大苍蝇。当我一边吞咽着口水，一边盯着吃瓜人的口时，我真希望那是一架机器，从机器里源源不断地吐出瓜子来。

青　皮

沿江的码头上有好多西瓜摊，其中最引人注目的是青皮的西瓜摊。

青皮姓甚名谁，已经记不清了。这头壮牛一样的汉子，常年剃着光头，即使是下雪天，头皮也刮得青青的，大家便都叫他"青皮"。

青皮大约有四十多岁吧，年轻时会几套拳脚，爱打架，打起架来不要命，渐渐就成了码头一霸。汉口最热闹的码头是粤汉码头，青皮的西瓜摊就摆在这里，独霸一方，谁也不敢抢他的生意。青皮的西瓜摊瓜皮瓜子自然多极了，可孩子们谁也不敢去捡。

我把头剃得光光的，去找青皮。

青皮靠在一张竹躺椅上，挥动着苍蝇拍赶苍蝇。听我说明来由，他乜斜着眼，也不说话，只将嘴朝摊板上一努。

好大的一把芭蕉扇！扇面比脸盆还要大，扇柄垂着的不是丝绒流苏，而是一串精致的银链，银链下吊着一颗贼亮贼亮的大钢珠。

我知道这是青皮的规矩，凡来他摊前捡瓜子瓜皮的孩子首先要给他打扇。他不说停，你便不能停；倘若你坚持不下去了，便自己滚蛋。

青皮的芭蕉扇可不好扇。摇扇时，那钢珠便随着一起摆动，一不小心，便砸在身上。扇子摆动的幅度小，没有风；幅度大了，钢珠的力也大，呼地砸过来，不受伤才怪。因此，码头上流传着这样一句顺口溜："青皮的芭蕉扇，一扇背药罐。"

我也不说话，双手握紧扇柄，便给青皮打扇。

第一扇我便挨了砸。钢珠一下砸到我的胸窝窝上，疼得我双手紧捂胸窝，哎哟一声惨叫，倒在了地上。

青皮一声冷笑，斜眼也不瞧我，夺过扇子，一只手将那扇摇得风声呼呼，而银链钢珠却垂直不动。他亮起嗓门，一声吆喝："呃，包开包甜的西瓜，不甜不要钱咪……"

黑老三

胸窝窝当即就紫了一大块，疼得我直不起腰。我不敢回家，跟跄着钻进了黑老三的工棚。

傍晚，黑老三拖完板车，回到工棚，见我受了伤，顿时怔住了。

蓄了一天的泪水终于开了闸。

"三叔，莫告诉我妈……"

黑老三不但不安慰我，反倒"呼"地给我一巴掌："哭！要哭就滚出去！老子的窝里不收鼻涕眼泪！"

黑老三打回一碗白酒，用火点着了。

一碗淡蓝色的火苗呼呼直蹿。

黑老三抓起一把火苗，按在我的伤处，使劲地揉起来。

我至今不能忘记那钻心彻骨的疼痛。我咬紧牙关，不哼，也不喊，更不哭。

　　黑老三用酒为我按摩治伤。他一定是将我当成面团了，揉去揉来，揉得我没有了声息。

　　我疼得昏了过去。

　　但是我没哭。黑老三的窝里不收鼻涕眼泪。

　　黑老三是青皮的拜把兄弟，是青皮的拐子(大哥)。

　　"你还要去找青皮吗？"

　　我点点头。

　　"要我去给他打个招呼吗？"

　　我摇摇头。

　　"不怕再挨砸？"

　　我点点头。

　　"砸伤了再来流尿？"

　　我摇摇头。

　　黑老三轻轻地叹了一口气。他送给我一把大芭蕉扇，扇柄下用索线绑着一块石头。

　　他摇了摇扇子，石头一动不动。

　　摇扇全靠腕力，他说。手腕活动，手臂不动，石头便不摆动。

　　我试了试，果然那石头摆动得不厉害。

　　我好高兴，扑通跪下，便给黑老三磕头。

　　黑老三嘿嘿地憨笑起来。他左手抓起一个西瓜，用手掂了掂，右手握扇，然后左手将瓜抛起。就在西瓜抛向空中的一刹那，他挥扇劈向西瓜。只听得噗的一声响，西瓜被扇子劈成两半，却完整地落在他的手掌上。

　　我看得目瞪口呆。

　　黑老三揭起上面半边瓜，扔向我，喝了一声："吃！吃完了给我下苦功练！"

饱满的泪珠

我被砸伤这件事到底还是让妈知道了。

那天晚上月亮好圆好大。黄灿灿的月盘装满黄灿灿的月汁，像一个浑圆的大西瓜。我在江堤上铺一张破凉席乘凉。凉席早已被汗水渍得红亮红亮，也不知用过几朝几代了。那天晚上的江风好凉好凉，我不知不觉就睡着了。

蒙眬中我觉得月儿渐渐地溶化了，月汁儿一滴一滴地滴落下来，正滴在我的胸窝窝上，凉津津的，好舒服好惬意。我感到心像一粒瓜子一样发了芽，吐出了绿色的叶片，渐渐地牵了藤，渐渐地开了花，渐渐地结了好多好多的西瓜。瓜上缀着晨星般的露珠……

我醒了过来。我发现妈默默地坐在我的身旁，无声地为我打扇。妈的泪珠无声地滴落下来，一颗一颗，打湿了我的胸窝窝。

夜很静。江风很凉。妈的身影在金色月轮的映衬下，显得格外瘦削。而妈的泪珠，却格外饱满。

哦，可怜的妈妈，你这一辈子唯一饱满的，便是这疼爱儿子的泪珠吗？

穿　针

妈再也不让我去捡瓜皮瓜子了。她把我拴在了缝补摊前，叫我给她穿针。

针是老牌子钢针，有大的，也有小的，妈挑的是最小的绣花针。

线有丝线，广线，棉线，其中棉线最粗，妈挑的是最粗的棉线。

妈叫我用棉线穿最小的钢针。

我噘起嘴："妈，换一根大针嘛！"

妈将针尖在头发上刮了几下，继续缝补衣衫："你不是想练功吗？穿针也是练功。"

我鼓起腮帮，捏住绣花针，闭一只眼，睁一只眼，使劲儿找针眼。针眼儿一会儿清晰，一会儿模糊，像调皮的小精灵和我捉迷藏。棉线又软绵绵的，像饿了三天似的打不起精神来。线头又和针眼儿差不多大，我穿了半天，硬是穿不过去。

浓密的树荫下，不时有一阵阵风儿吹过。可是我却急得头上直冒汗，浑身上下像有许多针尖在扎。我忍住泪花儿，屏住气，再穿，可是那棉线一挨近针眼儿，便怕冷似的缩了头。

我气得将针线一甩，嚷道："不穿了！不穿了！"

妈仍然平静地补着衣衫，头也不抬，平平静静地说道："就凭你这德行，还想去找青皮吗？"

"这针太小嘛！根本穿不进！"

妈抬头望了望我，微微一笑，将手中的针插在头发里，挑了一根绣花针，抽了一根棉线，然后微微闭起双眼，捏针的手指与捏线的手指轻轻一碰，那棉线便乖乖地穿了过去。

妈什么也没说，只是含笑望着我。妈的眼睛好亮好亮。

我情不自禁地低下了头，拿起了针与线。

妈继续低着头缝补衣衫。她将针在头发上磨了磨，针尖儿立刻变得亮闪闪的。

哦，妈妈，你的头发是一块磨针石吗？

摇　扇

我在妈的身边穿了半个月的针。

我在黑老三身边练了半个月的摇扇。

我的心又痒了。

我又偷偷地去找青皮。

正是中午人最疲乏的时候，青皮歪在竹躺椅上睡着了，他的脑壳像个青皮西瓜撂在脖子上，张着嘴，流着口水，呼噜呼噜地打鼾。

几只绿头苍蝇嗡嗡地在他头上脸上飞来飞去。他下意识地用手挥赶着，一会儿醒来，一会儿又沉沉睡去。

那把大芭蕉扇就撂在他手边。我轻轻地握起，小心翼翼地摇动起大扇来。

银链儿钢珠儿在我胸前摆动。我运足腕力，不让它们近我的身。

就这么摇着，摇着，青皮惬意地睡着了，呼噜也没有了，只是睡得太沉太香，老半天不醒。

大芭蕉扇渐渐地沉了起来。手腕也酸酸地像生了锈。小腿肚子胀胀地打战。汗水在脸上痒痒地爬动。双眼花花地模糊起来。

可青皮还没有醒。

狗娘养的青皮！

钢珠儿在我胸前摇头晃脑。一团怒火顿时在心中燃烧起来。望着青皮那油光光的脑壳，我突然想用这钢珠将这颗脑壳砸个稀巴烂！

……钢珠儿呼啸着像一颗流星砸向青皮的脑壳只听得当当当一阵响火光四溅好大一个青皮西瓜开了瓢瓜瓢儿瓜子儿瓜汁儿连汤带水一块儿咕噜咕噜地流了出来……

就这么想着一走神儿，那钢珠便失去了控制，荡秋千似的往外一荡，眼看马上就要荡回，砸到胸窝窝上。

等我回过神来时，已来不及躲闪了。

就在钢珠儿即将砸到胸窝窝的一刹那，一只大手像捕捉飞鸟般一下将钢珠吞了去。青皮回过头来，冷冷一笑："好小子，想算计我，哼！

莫不是又想背药罐吗？"

这个家伙原来根本就没睡着，用着心劲儿使绊子想将我绊倒呢！我又气又恼，将扇子一扔，冲着他吼道："哼！算你走狗屎运！"

青皮没想到我会这么冲撞他，也许他这辈子还没见过十岁的孩子竟这么又臭又硬。他呆呆地望着我，怔了好一会儿，突然哈哈大笑起来，一笑就没个完，像只老鸦在不停地聒噪。

"好小子！有种！"

他收住笑声，望着我说："你是陈寡妇的儿子？"

"是又怎么样？"

"是黑老三的徒弟？"

"他……他不肯收我……"

"噢？"青皮眉毛扬了一扬，又问我，"牛娃子，愿意当我的徒弟吗？"

做青皮的徒弟？这个问题提得太突然，我不知如何回答。便不出声，望着他。

"怎么？瞧不起你叔？"青皮挑了一个枕头大的西瓜，用手指在瓜身上拦腰一划，又从瓜头至瓜尾划了几划，随后大喝一声："开！"一掌将瓜拍开，只见那西瓜一瓣一瓣的，竟如同锋利的西瓜刀切过一般。

青皮得意地捧起扁肚小茶壶，嘴角就着壶嘴儿，美美地品着茶，乜斜着眼望着我，问道："怎么样？嗯？"

"我……"我不知为何吞吞吐吐了，"我只想捡你的瓜子和瓜皮……"

青皮仰面哈哈大笑起来，他拍拍我的肩："听着，牛娃子，从今天起，这儿的瓜皮和瓜子，就全归你啦！"

望着那一竹篓还带着不少红瓤的瓜皮，望着那一大簸箕黑亮黑亮的瓜子，我毫不犹豫地跪了下来，咚咚咚，连磕了三个响头。

洋辣子

就这样，我给青皮当帮手，卖起西瓜来。

我再也不用与小伙伴们争夺扔在水沟里的一块西瓜皮，再也不用端着簸箕站在吃瓜人的身旁可怜兮兮地盼望他开恩将瓜子赐给我。所有的西瓜皮与瓜子都是我的，因为没有人和我竞争。

我帮青皮搬弄西瓜，赶苍蝇，提水，打扫西瓜摊四周的卫生，顾客多时，也帮他收钱，切切西瓜。当然，还要为他沏茶，摇扇，买烟，打酒。他睡着了，或是去上厕所时，我便帮他守摊。

那是我最幸福的一段时光。

但是我没想到我的幸福已经使我的小伙伴们感到眼红感到痛苦了，更没有想到他们早已在暗中算计我了。

最初是我家晒在江堤堤坡上的西瓜子不知为何老是晒不干。过了两天，那瓜子竟然在阳光下散发出一阵阵刺鼻的腥臊味儿。不用闻便知道，有人往瓜子上撒了尿。

接着是我晚上在江堤上睡熟了时，常常遭人捉弄。两粒小泥丸堵住了我的鼻孔。

一团又臭又脏的破布盖在我的脸上。

有天晚上做梦，梦见腰上被人戳了一刀，好疼好疼。醒来一摸，凉席上放着几块又尖又硬的石头，恰好正顶着我的腰。

我开始明白了，有人在暗算我。

码头上历来有个规矩，叫"好汉做事好汉当"，"明人不做暗事"。倘若对谁有意见了，想争个输赢，便公开下战书，约定时间、地点，请好公证人，双方公开较量。打赢了，也不骄狂，一拱手，说声"得罪"；打输了，也不失身份，也一拱手，说声"请教"。有的不服气，还可再约时间打擂；有的则"不打不相识"，反倒成了朋友。在这里，输或赢都是次要的，要的就是光明磊落、公开竞争的男子汉气魄及大将风度。

我是在码头上长大的，我不怕打架。只要是公开的，一对一的，哪怕是比我大的对手，我也敢应战。我打过人家，人家也打过我。即使是头破血流地回家，母亲也不会怎么责怪我的。码头上的男孩子，不打架反倒被人瞧不起。

可现在，我却找不到对手。

对手一定是和我一样为生活所迫在炎热的夏日到处捡西瓜皮西瓜子的穷孩子。穷孩子为什么就容不得一个没有父亲的更穷的孩子呢？即使是眼红，即使是嫉妒，只要公开亮相就好办。要么咱们痛痛快快地干一仗，要么我将青皮的西瓜摊让给你们。当然，只要你们会摇青皮的芭蕉扇。

我下决心要找到这射暗箭的丑东西。

夜深了。江堤上的鼾声与草丝里的蛐蛐声响成一片。我微闭着双眼假装睡着了，但每一根神经都绷紧了弓弦。

几个黑色的身影在杨树林中晃动，渐渐地朝这边逼近了。好家伙！终于来了！

我心里反倒坦然了。虽然我讨厌打"狗子架"（即多人围攻一个人），但是我却不惧怕面对一群"狗子"。为了引诱他们快点亮相，我故意呼噜呼噜地打着鼾。

好多年以后我才知道我这蹩脚的鼾声恰恰泄露了天机。待我再眯缝着眼朝杨树林中眺望时，那些黑影全都消失在黑暗之中。

就这么一夜一夜地等待，我一连三个晚上没合眼。到了第四个晚上，我终于熬不住，呼呼地睡着了。

我是被一阵钻心的刺痛咬醒的。有什么东西在我的脸上蠕动。我伸手一摸，是几条肉毛毛的虫子。我天不怕地不怕，可就怕这毛毛虫。我的睡意全消失了，而且，我一定是像被人捅了一刀似的惨叫了一声，因为江堤上的人全被我的叫声惊醒了。

牛娃！牛娃！怎么回事？怎么回事？

虫……虫……毛毛虫……

江堤上的人便都大笑起来，以为是小孩说梦话。

天亮以后，我的左脸全都肿了起来，被虫子爬过的地方，疼得钻心，辣得钻心，痒得钻心。我再仔细一看，半夜咬我的，竟是最毒最毒的毛毛虫"洋辣子"！

有人半夜里偷偷在我脸上放了洋辣子！

我被洋辣子暗算了。

洋辣子是幼虫。

幼小的不一定是美丽的。

妈和外婆问明了缘由，又气恼又心疼，搂着我痛哭起来。

外婆声嘶力竭地骂那些暗害我的小屁孩，骂妈不该让我去捡西瓜皮西瓜子，骂自己不中用爬不起来，然后是呼喊着爷爷和爸爸……

妈默默地为我脸上抹了猪油。

妈默默地牵着我去找老中医胡先生看病。

夕阳西下，家家户户都围着小方桌在门前吃晚饭时，母亲将所有的瓜子搬到门口，哗哗地全倒在地上。从来只是默默忍耐的母亲，拉着我的手，流着泪喊了起来："街坊们，邻居们，你们看看，你们看看哪！是哪个毒心烂肝，这样害我的伢哪！我们一家，孤儿寡母，活下来就蛮不容易呀！我的伢多捡了一点儿瓜子，又得罪哪个了？又没偷你的，又没抢你的，为何就眼红我的伢哪！"

一街的人都震惊了，听着妈愤怒地呼喊。

忍耐了大半辈子的妈在夕阳西下时愤怒地呼喊着。从没说过重话从未跟人红过脸的妈像长江波涛一样愤怒地呼喊着。

一条街都静悄悄的。

没有人过来劝慰。

更没有人像条汉子似的站出来。

因为这种事实在太丢脸。

搬　家

妈决定搬家了。妈决心离开码头了。

妈要带着我们回到她从小长大的地方，那是汉口密如蛛网般的街巷中的一条深巷。

据说妈找码头上的李神仙算过命。李神仙说了些什么，妈一直不肯告诉我。她只是抚摸着我的头，说道："唉，牛娃子，你为何总是要比别人多捡几块西瓜皮呢？"

临行前，妈提着两瓶酒，带我去向青皮告别。

青皮什么也没说。他挑了个西瓜，又一次用手指代刀，为我们切西瓜。可是他这一次失了手——也许是他第一次失手——当他用手掌拍瓜时，竟一掌将西瓜拍得稀巴烂。

他叹了口气，挥了挥手："去吧。"

我就这样永远地离开了西瓜摊。

走了好远，我忍不住回过头来，只见青皮紧握带有钢珠的大芭蕉扇，流着油汗，亮着嗓子，大声吆喝着："呃……好甜好甜的西瓜唻……不甜不要钱唻……"

导读

董宏猷，1950年生于武汉，当代作家。著有长篇小说《一百个中国孩子的梦》《十四岁的森林》等，也著有小说集、诗集、散文集若干。

董宏猷的童年是艰辛苦涩的，他在武汉码头当过小纤夫，生活在穷苦孩子、码头工人和缝衣妇女中。他从自己幼年的实际体验出发，描述了对于苦难痛入骨髓的感受，也描述了对人间大爱铭心刻骨的感受。残酷的岁月镌刻在灵魂中铸就了作品的醇厚。他笔下的社会作为另一种"自然"成为主人公于苦难中毫不妥协、成长成才的人生背景。

这篇文章讲述的是由西瓜引发的武汉码头故事，作者含着深情与热泪用"绿皮、红瓤、黑籽"的西瓜串起了一个个生动的故事和人物。青皮、黑老三、母亲，读来如在眼前。故事中有深深的母爱，也有对儿童战胜苦难的精神的弘扬。读者朋友们可以在其间看到生活的风雨，看到生活严酷的一面对于成长的意义。

书香门第[①]

金曾豪　著

1

那家中药店在一条老街的深处。从外面看，巍巍的料是三层楼，进门才知道是二层。店堂端的高敞，光线却柔和，因为临街没有花哨的橱窗，只有一个用三条花岗条石构成的石库门。门楣上三个端庄的颜体字：澍德堂。字是石青，左下角灿然一方朱红印章，是古篆，识不出是什么字。

一进店堂，猛地发现门外的世界原来太喧嚣。店堂里弥漫着一种香味，沁沁地如一掬名泉的水。人觉得自己化作了一张宣纸，一下子就被这"泉水"晕晕地洇透了。

迎面是深棕色的柜台。柜台上有几盆状似兰草的植物，给店堂添了翠翠的生气。这是备用的一种药，名谓鲜石斛，每列入利肝明目的方

---

①选自《少年文艺》，1994年3期。

剂。柜上有一大一小两个"冲筒"，黄铜铸成，茶杯那么大小，厚重，有盖，盖上有孔，孔里插一根铜杵。有些药要临时砸碎或脱壳的，就放进冲筒去"冲"。

柜台后面是一壁格斗橱。那么多的格斗竟无一标记、铭牌。只备一截三级的矮梯子帮助人够到举手不及的格斗。橱顶上坐一排青花瓷坛，居高临下，庄严得要命。

几个店员在撮药，都拥有一种和乐亲仁的怡然神情。其中一个最年长的尤引人注目，瘦，峻洁得感人，简直有仙风道骨。看一眼药方，眉头稍动，好像已会意医生的意图，就用小手指去拉格斗，就计较地用戥秤称药，然后把药匀在铺开的三张包药纸上。药在纸上不混放，一味味排开，包药之前还要用手指点着一一和药方复核……

这时有人动用冲筒，铜杵起落，一片响亮，使人悚然一惊，精神为之一振。猛抬头，又见一幅松鹤中堂画，配联云：花发东垣开仲景，水流河间接丹溪。

仲景，张仲景；丹溪，朱丹溪，都是古时名医，都有高尚的医德。

仿佛听得松涛鹤唳，无端记起一首古诗："松下问童子，言师采药去。只在此山中，云深不知处。"心绪由此变得出奇地宁静，对这个古色古香的药店生出一种信赖，一种神秘。

我爷爷说："如果可能，当让病人自己来点药。"

细细一想，爷爷的这一句话当是对药店的最高褒扬了。

爷爷喜欢常熟城，因为常熟有这个古风犹存的中药店。爷爷常带我去澍德堂，不是去撮药，只是去那儿默默地坐坐。

我爷爷是一个退了休的著名中医。可他喜欢澍德堂又不仅仅因为他是个中医。

我想我描述了澍德堂之后就不必再介绍我爷爷的品性了。

2

这个杂货店真杂透了。

红塔山，绿牡丹，虾米扁尖大头菜，月季卫生纸，威化巧克力，麦氏三合一，零拷绍兴酒，雷达杀虫剂，滴水瓷观音，石膏维纳斯……日常东西，南北土产，生老病死，古今中外，天上人间无不涉及。一台录音机一天工作六小时，轮番轰炸张学友、邓丽君、徐玉兰、王文娟，还有那个叫齐什么的哭喊《北方的狼》。那首歌苍凉野性，听得人尾骨那儿一麻一麻的，叫人担心会长出尾巴来。

这是我妈妈经营的小杂货铺。

我妈出身农家，上过几年小学。若干年前我爸光荣插队在我妈那个村庄，就此千里姻缘一线牵。对那个小村庄，我并不熟悉，因为我一断奶就离开那儿生活在爷爷奶奶身边了。

吃饭是家人聚集的时候。奶奶不在了，爸爸常常不在家，饭桌上就只有三个人：爷爷，妈妈，我。

妈妈一拿起筷子就有几个习惯动作：先将筷子在桌子上一放，再用左手捋一把筷头。含着饭讲话，呛得咳，咳也不及时转过身去。有时还用一只筷子剔牙。我受不了的就是这个，就说："哎呀，妈——"

爷爷向我递个眼色，意思是：你又来啦。

妈妈并没觉察："啥？"

我赌气："啥？没啥！"

事后，爷爷怪我："孩子家，怎么这样和长辈说话？这里不好说文明不文明的，不过是个习惯。一个人从小养成的生活习惯是难改的。各个家庭有各个家庭的习惯。"

爷爷说得非常平和，非常自然，绝不是虚情假意。他确实从不要求他的媳妇迁就这个书香之家。

杂货店是去年把我家沿街的围墙拆了盖的。妈妈请爷爷起个名号。

爷爷沉吟一会儿，说："你自己有什么想法？"

妈妈说："想到两个，一个叫便利，一个叫顺风。"

我立即反对："俗不可耐！"

妈妈不懂"俗不可耐"是什么意思："你说啥？"

爷爷笑呵呵地说："两个名都不错，所以我想在两个名中各取一个字，就叫'顺便'，怎么样？"

这么一拆装，不算太妙，却通俗，不庸俗，而且实在，这么个没个性的小店确实不会有人特地寻上门来的。

不料，却时时有人老远地寻到"顺便"来，当然不是来买东西的。来人每在小店门口迷惘困惑，反复核对门牌号后问："请问曾老先生住这儿吧？"

我妈忙说："是的。不过他老人家年岁大了，是不轻易会客的，有事由我转告好了。我是他儿媳。"

来人说是远道来求医的，不好转告，还求一见。

到最后，我妈会给来人一个机会，上午来的就约下午，下午来的就约次日上午。叮嘱一句："老先生是不会收诊金的。不收钱。"

我后来慢慢品出了这叮嘱是不无微妙的。求诊人几乎都在此后带来了各种的"谢意"，大多是好烟名酒。

妈妈表现出为难："哎哟，你这么拎进去……我公公他老先生会……哎哟……"

听懂的人就请妈妈转交。没听懂的人拎进去，后来又原样拎出来让妈妈转交。我爷爷是不肯收人"谢意"的。我妈是不会把收礼的事告诉爷爷的。

茅台，西凤，五粮液；白健，摩尔，万宝路……这些名牌烟酒就这样灿烂地出现在顺便杂货店简陋的柜台内，使人瞠目。

"顺便"的名气渐渐响起来。遇上家里到了贵客，不少人就会远远地赶到"顺便"来采办。这儿的名牌货品种多，价格公道。

妈妈说："看病收费，天经地义，请一个木匠也要二十五呢！"

退休医生为人治病适当收取酬劳也是可以的，当然，我更敬佩不收费的医生，例如我爷爷。我厌恶我妈的是她背着爷爷的鬼头鬼脑的举止。那些不明真相的病家必定会在心里暗暗咒骂我爷爷：这老头，收就收呗，何必这么假正经！

面对爷爷书房里的那副对联，我常会生出愧疚和惶恐——我是我妈妈的帮凶吗？对联是爷爷手书的："清风明月本无价，近水远山皆有情。"妈妈的所为是对爷爷和我们这个书香门第的一种报复。

我在内心不断积累着对妈妈的愤懑。我想我的这种不断积累的愤懑总有一天会爆发。

3

一天早晨，小店里来了一个肿眼泡的中年妇女。她是来求医的，向我妈妈打听我爷爷。

妈目光散漫地说："你家老刘没来？"

那人一怔，仔细打量，认出我妈，脸唰地红了；干咽两口，退出店去，在门槛上绊了一下。她慌乱什么呢？

不一会儿，那妇人又回来了。这一次由她的丈夫陪着。那男人是个白弱的瘦子。

男人叫得出我妈的名字，一进门就谦虚地打招呼，打招呼之后又想说什么，嗫嚅着只说了"那时候"三个字，就支吾着没词了。

妈妈用一种居高临下的口气说："是孙英要找我家老先生看病吧？

进去好了，我公公在里头。没什么，他老人家是绝不会计较以前的事的。进去吧，请。"

那对夫妻进去了，穿过院子，走进我爷爷住的小楼。

爷爷、妈妈与这对夫妻之间一定发生过一些故事。看这两人对我妈万分抱歉的样子，我猜出了点什么。"文化大革命"期间，我爷爷曾被捧为"反动学术权威"。

妈妈不肯说什么，神秘兮兮地说："小孩子家，别问这些事。"神气得不得了。

好一会儿，两个人出来了。那女的是如释重负的样子。那老刘的神情很难形容，太阳穴那儿暴出蚯蚓似的几条筋。他把一沓钞票塞在我妈手里，说："曾先生不肯收，可我们真的太过意不去，求你帮个忙代他老先生收下吧，不然我们下次就不好意思再来麻烦了。"

妈妈说："不，我们曾家算个书香门第，老人家不收，我们小辈哪敢收的？老刘，没啥，要来你尽管来。钱嘛，你拿回去，否则，他老人家会发脾气。"妈妈的声音不高，却坚决得不得了。她的眼睛里放射出一种难于描写的光彩。只有心胸坦荡、精神优越的人才有这种光彩。

妈妈并不是我想象得那么简单。这一次，她毫不犹豫地维护了爷爷的清名。对了，还有那个含意不明的"书香门第"。

妈妈只上过几年小学，从她口中听到"书香门第"这个词总有一点儿不自在。

4

我家靠近体育场。如果有什么体育赛事，我家小店的生意自然会激增。

得知次日要举行全市甲级篮球赛的决赛消息，我妈兴奋起来，急忙要我陪她去果品交易市场进货。她是从不许我介入小店的事务的，这一次却破了例。到了果品交易市场，我才明白妈妈破例的缘由：那儿的货主大多来自山东、苏北，妈妈带我去是让我当她的翻译。她一听普通话就会晕头转向。

那天，我们进了不少苹果，归途中经过烟酒公司又捎带了几箱汽水和啤酒。货物把妈妈的黄鱼车载得满满的。她不会骑自行车，只会骑黄鱼车；我会骑自行车，却不会骑黄鱼车。

我说："妈，货太满了吧？"

妈说："没事。妈从小做惯的，有的是力气。力气是没办法存的，不用白不用。"

可我认定她踩车踩得挺费劲。

妈说："儿子，你骑自行车在前头开道。"我听出她在努力掩饰她的气喘。她让我走在前是不让我看到她的艰难。

前头有桥，要上坡。我跳下车来帮着推车。

还没走完引桥，妈就把黄鱼车靠在了路边的树荫里，说："儿子，我们吸管烟。"所谓的"吸管烟"是农民的说法，就是"休息片刻"的意思，并非真的吸烟。妈从车上挖出一个"红富士"，用衣襟仔细地擦过，递给我："儿子，吃哇。"

我说："回家洗了吃。"不接。

妈笑笑，含意不明地说："哈，你们啊。"换了一个有疵的烟台苹果，用手掌象征性地抹一抹，咔嚓一声咬了一大口。

黄鱼车下桥拐弯时出了事。

超载的车倒了。苹果滚得欢天喜地。我妈跌倒在啤酒、汽水制造的泡沫里。

我扶住妈，妈撒开我的手："快捡苹果！"

回到家，妈不及换衣裳就去井台上洗弄脏的苹果。她说："没啥，砸了二十三瓶啤酒，十七瓶汽水，明天生意一上，一转身就弥补损失了。"

吃晚饭时，爷爷问我："文儿，你明天有空吧？有空就帮爷爷晒书。我听电台预报了，明天是晒书的好天气。"

爷爷非常珍爱他的藏书，每年要精心挑选干爽有微风的好天气来翻晒书籍。晒书在我们家称得上是一件大事，每次都是全家动手，认真对待的。

妈妈看我做犹疑状，抢着说："明天天气好，不能错过。我吃过饭就去邮局打个电话给他爸爸。"

爷爷说："不要，文儿他爸爸出差了。"

第二天，天气果然好。篮球赛撞上了好天气，助阵看球会更多。

杂货店在体育场还未开门时打了烊。妈妈和我在院子里架起了晒书床。

所谓的晒书床是这样的：用凳子架空平行的竹竿，然后在竹竿上铺席子，再在席子上铺上干净的布单。

晒书床放一个小时后，书才能上床。搬书之前必须仔细地把手洗净。

妈妈不让爷爷动手，搬只藤椅在廊下让爷爷坐了监阵。我把书按序从楼上书房搬下来，妈妈在廊上爷爷面前把书接过，小心翼翼地排在书床上。等书出了房，又蒙盖上干净的布单，不让阳光直射到书上。

整个过程就像一个庄重的仪式，人须屏声静气，举止轻缓，尤其不可大声谈笑。唾沫星子落在书上是严重的事情。

爷爷的藏书不少，有不少是线装本。一个个藏青色的硬书套谨慎、严肃地把几本、十几本不等的书构成一部部的书，《本草纲目》《经史证类备急本草》《医者绪余》《素问》《内外伤辨惑论》《金匮要略》《十四经发挥》……

爷爷洗过手，戴只草帽，去书床边逐本地翻捡，看看有没有霉点蛀孔，有没有蠹虫的踪影。如果是套装书，那就拔去骨制的"销子"，打开硬封套逐本翻捡，然后重新装套翻个身再晒。

以往，翻捡的工作是不让我插手的。这次，爷爷把我叫上了。

妈妈兴奋地随在我身后，看我像模像样的动作。爷爷中途离开时，妈妈轻声问我："儿子，这么多书中有我们家的书吗？"

我说："这些书都是我们家的，一代一代传下来的。"

妈说："不是问这个，我是说，有我们家的人写的书吗？"

我说："没有，还没有。爷爷说过，我们家祖上都忙于临床……"

"'临床'，什么叫'临床'？"

"临床就是给人看病……"

见爷爷回来了，妈妈立即用手势打断了我的话。

翻捡完毕，三个人在廊下坐。

爷爷靠坐在藤椅里，面对着一院子的医药书，微眯眼睛，久久无言。

我感觉到了一种情调——对了，类似澍德堂药店的那种情调。

爷爷的长长的眉梢在微微地动摇。我在爷爷的眉宇间、眼睛里读到了一种"苍凉味儿"。有一种东西感动了我。

我们曾家七代行医，一脉相传。爷爷珍视这些书，除了它们本身的价值之外，也许还有别一层的意思在。对了，不是可以把这些不断散失、不断充实的藏书看作一个代代相承的象征吗？

爷爷的悲凉是不是因为我父亲的未能从医呢？也许是，也许是，不！一定是。

我的脑子里闪亮了一下。我忽然明白了爷爷常领我去澍德堂药店的用意。我忽然领悟到我的一个责任……

隐隐传来体育场的嚣喧声。

妈妈有滋有味地喝着凉开水。她真的忘了那些苹果，那些汽水和啤酒了吗？

风悄悄地把覆盖着书的白布掀开了一角。妈妈连忙放下茶杯赶去摆弄妥当。

一丝欣慰出现在爷爷脸上。他轻轻摇动芭蕉扇，说："这些书几经乱世，侥幸存世，一代一代地传哇。文儿，你爸爸是用不到这些书了。他没机会从医，当了个临时筑路工，现在成了工程师，他也不容易。"

妈妈走近来，说："爹，没啥，儿子没接上，还有孙子呢！"

我心里咯噔一下响。有一层纸，被妈妈捅破了。

我从小喜欢拉二胡。不久前，上海音乐学院附中向我表达了破格接纳我的意向。听到这个消息，我当时连翻了两个虎跳。我太喜欢音乐，太喜欢二胡了。

妈妈逼着我说："儿子，你怎么不说话？"

喉咙里被一团乱丝堵着，我说不出话来。

爷爷说："差不多了，我们把书收起来吧。"

5

爷爷接待了一位来自北京的客人。客人是一家出版社的主编。

有朋自远方来，不亦乐乎。可是，客人给爷爷带来的是一个坏消息：由于经济上的原因，爷爷的一本著作《曾氏妇科千方》难以出版。

那主编先是愧意千丈，接着慷慨不平，说到后来竟伤感起来，反而要爷爷来劝慰他了。

送走客人，爷爷在书房里独坐了半天。到了吃晚饭的时候，我才敢轻轻地推开书房门。

爷爷坐在藤椅里，在窗前宁静成一座雕塑。只有他的白发在晚风里微微荡漾，晕化成一朵白云。

我想说宽慰的话，却说不出有力量的话，傻乎乎地说："爷爷，我爸爸也知道了。"我希望多一个亲人来分担而减轻爷爷所承担的那一份沉重。

爷爷转过身来，竟是一脸恬静的笑容："傻孩子，少打扰你爸爸，他太忙。"

这时，爸爸和妈妈突然出现在书房门口。这么看来，爸爸一接到妈妈的电话就迅速赶回来了。

爸爸说："爸，儿子回来了。出书的事我们已经商量妥了，就是说，就是说……"

妈妈急忙夺过话头，说："还是我来说好。爹，小店的生意不错，很好。听说出版社要出我们家的书，有两万元的事……"

"等一等。"爷爷打断了我妈的话，"你是说，我，们，家，的，书？"

妈说："是啊，我们家的书！"

爷爷嗫嚅着，眼圈红了。

是的，此情此景，从妈妈嘴里听到"我们家的书"这五个字心里会涌上说不出来的滋味。我觉得喉咙里热热地梗着，鼻子里一紧一紧地酸着。我断定我们家的全体人员都被一种东西梗住了。这种滋味是无法用文字来表述的。

屋子里窒息般地静寂了一会儿。

还是妈妈先缓过来，说："爹，我们商量好了，我们自家拿出两万元钱来。书是一定要出的。"

爸爸说："是的，是这样。王主编住哪个旅馆，我马上去找他，把事情定下来。"

爷爷把目光转向妈妈："不，琴芬，我清楚，你开小店也辛苦，不容易。出书的事，我再另想办法，出版社多得很。"

妈妈又恢复了大大咧咧的样子，大声说："爹，你别复杂了，不是说过的吗，出的是我们家的书。我们曾家应当出好多书的。"妈妈的眼睛里又出现了那种光彩，那种只有心胸坦荡、精神优越的人才有的那种光彩。

我们祖上七世从医，名医迭出，却因每一代总是忙于临床，家境清贫而没有成书传世，使人非常遗憾。我深知爷爷这部著作的分量。我同时又深知妈妈得钱的不易。妈妈跌倒在啤酒白沫里的画面使我难于忘怀。她瞒着爷爷搞的一些小动作，我厌恶过，可从她说出"我们家的书"这句话之后，我宽容了她——不，应当说是理解了她。我忽然记起她常在私下里嘀咕的一句话："唉，没法想。我是孔夫子派来帮助这一家子书呆子的。"

我冲动地拉住妈妈的手，说："妈，你真不愧是孔夫子派来的。"

爷爷没听懂这句话，问爸爸："什么，他说什么？"

我爸爸知道这话的出处，却装糊涂："他说什么啦？什么孔夫子。"

我和妈妈哈哈大笑起来。

6

几天以后，我从文化馆回到家，妈妈就挺严肃地告诉我，说爷爷一个人去了常熟城。以前，爷爷去常熟总是和我结伴的。

在妈妈的催促声中，我急忙搭车去常熟城。进城之后，我当然直奔澍德堂。

爷爷果然在那儿。

我见爷爷正入神呢，也不招呼他，悄悄地坐在爷爷的旁边。

店堂里那一壁格斗似乎有点异样，仔细一看，是了——每个格斗上都有了一个写着药名的铭牌。

原来是新来了一个女药剂员，铭牌是为了她见习而设的。她太漂亮，太青春，似乎和这个老店不那么协调，可看她抽动格斗(用她的小指)、撮药、司戥秤的动作已是得心应手的样子了，而且开始有了那一种谨慎而果断、自信而平和的韵致。

我爷爷看得入神，挂了一脸安详的微笑。

我在爷爷安详的微笑背后，看到了一丝一缕的悲凉。我又被他深深地感动了。爷爷太爱他的事业。

我站起来，轻轻地唤了一声："爷爷。"

爷爷有些诧异："是文儿，你，你怎么来啦？"

我说："爷爷，应当我来问你的：你怎么丢下我，一个人来了？"

……

我们爷孙俩走在一条清静的、长长的小巷里。

爷爷说："傻小子，你知道爷爷为啥老拉着你来澍德堂？爷爷有爷爷的私心，爷爷是希望你喜欢上中医。"

我说："你成功了，我喜欢。"

爷爷看了看我的眼睛，摇摇头："不，你更喜欢二胡，你迷上了。我说，孩子，你不要轻易地放弃你的选择。如果，为了我去放弃你的选择，那我就有罪过了。不，那太委屈了，那不公正。你那天的表演我看了，我很高兴，你在音乐方面是真有才赋的。真的，那天听你拉琴，我很感动。那天上电视，你拉的是《秋意》吧？电视导演还配上了一些很好的外景，画面太美了。是一条秋天的小溪流吧？在一个宁静的山谷里。红色的树叶，白色的鸟……"

我说："我拉《秋意》从没想到过电视上的那些红叶白鸟。我脑海里出现的就是澍德堂药店。一种宁静，一种关切人的情意。"

爷爷站住了，认真地看了我一会儿，忽然笑了："这么说来，说不准是我成功了，也是你成功了，是吗？"爷爷轻轻地喟叹一声，又说："是啊，人世间，好多东西都是相通着的。"

我们走出小巷。

世界很广阔，很滋润。

导读

　　金曾豪，1946年生于江苏常熟，笔名田家玉，作家。其作品以儿童文学系列作品见长，其中以"小男子汉"系列为代表的少年小说作品反响最为热烈，他的动物小说即"大自然"系列也赢得了许多赞叹。此外，他还创作了一系列具有浓厚江南风情的散文。

　　金曾豪出生在江南小镇上的中医世家，从小就受到中国传统文化的熏陶，其散文创作充盈着浓郁的地方特色，染有本土鲜明的文化印记。《书香门第》中，作者用江南丝竹般悠扬的笔调和兴味盎然的故事将一方文化呈现得有声有色。文中古风犹存的中药店以他记忆中的江南韵味陈设而呈现，在流畅自如的描述中，中药店成为古朴江南的一个象征性符号、一个特色鲜明的景观，与"书香门第"一脉相承，成为相互依赖的文化载体。药香、书香随着淡淡的笔调袅袅袭人，已然成为一幅氤氲着美感的江南水墨画，画中蕴含着关于"爱"的温暖人生。

历史

　　中华民族有着五千年的悠久历史，中国是当之无愧的世界文明古国。勤劳勇敢的中华民族创造了灿烂的文明，为人类文明的发展进步做出了不可磨灭的贡献。无论是沉默的普通个体，还是叱咤风云的英雄人物，他们都一样深刻地参与了历史的进程，推动着历史向前发展。本单元选取的三篇文章目的是培养读者朋友们的历史意识。历史是活着的过去，是一面镜子，鉴古可以知今，学史可以明智。在这样一个充满机会的巨变时代，相信读者朋友们可以从历史中寻找到隐藏着的通往未来的钥匙，在延续民族文化血脉的同时，开创一个比过去更加美好的新时代。

孔子：第一位教师①

冯友兰 著

孔子姓孔名丘，公元前551年生于鲁国，位于中国东部的现在的山东省。他的祖先是宋国贵族成员，宋国贵族是商朝王室的后代，商朝是周朝的前一个朝代。在孔子出生以前，他的家由于政治纠纷已经失去贵族地位，迁到鲁国。

孔子一生事迹详见《史记》的《孔子世家》。从中我们知道孔子年轻时很穷，五十岁时进入了鲁国政府，后来做了高官。一场政治阴谋逼他下台，背井离乡。此后十三年他周游列国，总希望找到机会实现他的政治、社会改革的理想。可是一处也没有找到。他年老了，最后回到鲁国，过了三年就死了。他死于公元前479年。

孔子和"六经"

孔子是中国历史上第一个以私人身份教了大量学生的人，他周游列

---

① 选自《中国哲学简史》，北京大学出版社，2012年版。

国时有大批学生跟随着。照传统说法，他有几千个学生，其中有几十人成为著名的思想家和学者。前一个数目无疑是太夸大了，但是毫无问题的是，他是个很有影响的教师，而更为重要和独一无二的是，他是中国的第一位私学教师。他的思想完善地保存在《论语》里。他的一些弟子将他的分散的言论编成集子，名为《论语》。

孔子是一位"儒"，是"儒家"创建人。刘歆说儒家"游文于六经之中，留意于仁义之际"。孔子与"六经"的关系如何？传统学术界有两派意见：一派认为，"六经"都是孔子的著作；另一派则认为，孔子是《春秋》的著者，《易》的注者，《礼》《乐》的修订者，《诗》《书》的编者。可是事实上，无论哪一经，孔子既不是著者，也不是注者，甚至连编者也不是。可以肯定，在许多方面他都是维护传统的保守派。他的确想修订礼乐，那也是要纠正一切偏离传统的标准和做法，这样的例子在《论语》中屡见不鲜。再从《论语》中关于孔子的传说来看，他从来没有任何打算，要亲自为后代著作什么东西，还没有听说当时有私人著作的事。私人著作是孔子时代之后才发展起来的，在他以前只有官方著作。他是中国的第一位私人教师，而不是中国的第一位私人著作家。

仁、义

关于人的德行，孔子强调仁和义，特别是仁。义是事之"宜"，即"应该"。它是绝对的命令。社会中的每个人都有一定的应该做的事，必须为做而做，因为做这些事在道德上是对的。如果做这些事只出于非道德的考虑，即使做了应该做的事，这种行为也不是义的行为。用一个常常受孔子和后来儒家的人蔑视的词来说，那就是为"利"。在儒家思想中，义与利是直接对立的。孔子本人就说过："君子喻于义，小人喻于利。"在这里已经有了后来儒家的人所说的"义利之辨"，他们认为"义利之辨"在道德学说中是极其重要的。

义的观念是形式的观念，仁的观念就具体多了。人在社会中的义务，其形式的本质就是它们的"应该"，因为这些义务都是他应该做的事。但是这些义务的具体的本质则是"爱人"，就是仁。父行父道爱其子，子行子道爱其父。有个学生问什么是仁，孔子说"爱人"。真正爱人的人，是能够履行社会义务的人。所以在《论语》中可以看出，有时候孔子用仁字不光是指某一种特殊德行，而且是指一切德行的总和。所以"仁人"一词与全德之人同义。在这种情况下，仁可以译为perfect virtue(全德)。

知　命

从义的观念，孔子推导出"无所为而为"的观念。一个人做他应该做的事，纯粹是由于这样做在道德上是对的，而不是出于在这种道德强制以外的任何考虑。《论语》记载，孔子被某个隐者嘲讽为"知其不可而为之者"。《论语》还记载，孔子有个弟子告诉另一个隐者说："君子之仕也，行其义也。道之不行，已知之矣。"

后面我们将看到，道家讲"无为"的学说，而儒家讲"无所为而为"的学说。依儒家看来，一个人不可能无为，因为每个人都有些他应该做的事。然而他做这些事都是"无所为"，因为做这些事的价值在于做的本身，而不是在于外在的结果。

孔子本人的一生正是这种学说的好例子。他生活在社会、政治大动乱的年代，他竭尽全力改革世界。他周游各地，像苏格拉底那样，逢人必谈。虽然他的一切努力都是枉费，但是他从不气馁。他明知道他不会成功，仍然继续努力。

孔子说他自己："道之将行也与？命也。道之将废也与？命也。"他尽了一切努力，而又归之于命。命就是命运。孔子则是指天命，即天的命令或天意，换句话说，它被看作一种有目的的力量。但是后来的儒家，就把命只当作整个宇宙的一切存在的条件和力量。我们的活动，要取得外在的成功，总是需要这些条件的配合。但是这种配合，整个地看来，却在我们能控制的范围之外。所以我们能够做的，莫过于一心一意地尽力去做我们知道是我们应该做的事，而不计成败。这样做，就是"知命"。要做儒家所说的君子，知命是一个重要的必要条件。所以孔子说："不知命，无以为君子也。"

由此看来，知命也就是承认世界本来存在的必然性，这样，对于外在的成败也就无所萦怀。如果我们做到这一点，在某种意义上，我们也就永不失败。因为，如果我们尽应尽的义务，那么，通过我们尽义务的这种行动，此项义务也就在道德上算是尽到了，这与我们行动的外在成败并不相干。

这样做的结果，我们将永不患得患失，因而永远快乐。所以孔子说："知者不惑，仁者不忧，勇者不惧。"又说："君子坦荡荡，小人长戚戚。"

导读

　　冯友兰（1895—1990），字芝生，中国当代著名哲学家、教育家。河南省唐河县人。代表作有《中国哲学史》《中国哲学简史》等。

　　孔子是中国儒家学派的创始人，对中国的历史发展影响巨大。冯友兰是一个具有历史责任感的哲学家，他推崇儒家思想，肯定孔子的儒家思想在中国历史中的地位。他用发展的眼光解读孔子的学说，在20世纪的孔子研究中，其研究独树一帜。

　　在这篇文章中，冯友兰对孔子的思想进行了三个方面的考察：考证孔子与六经的关系，认为孔子是中国第一位私人教师；考察了"仁"和"义"的含义，认为"义"的本质就是"爱人"，就是"仁"；分析何为"知命"，认为这也是孔子的一种人生态度。冯友兰以理性的、开放的态度对待孔子以及孔子代表的儒家文化，既指出孔子思想的价值，又说明其不足；既肯定孔子的历史地位，又不美化孔子。冯友兰奉献给读者朋友的是他思想中真实的孔子形象。

沉　船①

——为邓世昌而作

高洪波　著

　　三十九岁的年龄，你已为国捐躯了。你沉入一片浓且稠的黑暗中，有咸腥的海水呛入你的肺，你吐出最后一个含氧的气泡，努力睁大双眼，想最后看一眼你的致远舰，你的龙旗，你的被火炮熏黑了脸膛的部属们，以及那只挥之不去的爱犬。可是你已经望不见这一切，你摇摇头，想赶走遮住、罩在眼前的无边的黑暗，可惜你连这点力气都没有了，残存在脑中的最后一点意识正渐渐消散殆尽，你知道自己已不再属于自己，也许，这就是死吧？你费力地想道。

　　海水再次涌入你的鼻腔，黄海的咸且腥的水。你已不再有任何知觉，海水吞没了你。一尾小鱼从你的鼻尖上游过，它游动的尾鳍掠劫了你的睫毛，你努力想再一次看一眼这生活过三十九个春秋的世界，可是一切已然远去，小鱼受惊般倏然游走，如一支离弦的羽箭，海水又涌了

①选自《海内与海外》，2016年第11期。

上来。

一座海是一座坟。

唯有这样的广阔墓地，才可以安放你的灵魂，一个舰长的不屈的灵魂，一个19世纪中国武士豪壮的灵魂，一个为了军旅的荣誉、为了祖国和朝廷的光荣舍命相搏的好汉的灵魂！

以你的游泳技能，加上在你身旁拼命游动的伙伴、爱犬，你完全能够借助自己和别人的力量生存下来，可是你断然拒绝了这种选择。人在舰在，既然生死与共的致远号已沉入水中，那莫名的悲愤想必让你痛不欲生。你恨狡黠的敌手吉野最后施放的那枚鱼雷，也恨自己躲闪不及，壮志未酬，"撞"志未酬呵，弹尽后最后一次攻击，大无奈和大无畏的一击，被鱼雷无情地阻隔了，否则，否则舰与舰相撞的刹那，定然是惊天动地的另一种景象。

邓大人就这样走了。

致远号巡洋舰也这样沉没了。

人类与海洋有过千丝万缕的联系，沉船是割断这种联系的最残酷的方式之一，尤其是海战中的非自然沉船。写到这里，偶翻《清稗类钞》第六册，内中有《邓壮节阵亡黄海》，可以作为这篇短文的古典式收尾：

"光绪甲午八月十七日，广东邓壮节公世昌乘致远舰与日人战于黄海，致远中鱼雷而炸沉，邓死焉。先是，致远之开机进行也，舰中秩序略乱，邓大呼曰：'吾辈从军卫国，早置生死于度外。今日之事，有死而已，奚事纷纷为？况吾辈虽死，而海军声威不至坠落，亦可告无罪。'于是众意渐定。观此则知邓早以必死自期矣。邓在军中激扬风义，甄拔士卒，有古烈士风。遇忠孝节烈事，极口表扬，凄怆激楚，使人雪涕。"

不知道邓世昌在战场上最后做的"动员"是怎样传出来的？按《辞

海》解释，"全舰官兵二百五十人壮烈牺牲"，当无一人生还。可是《清稗类钞》所载又绘声绘色，所以我判定邓大人的部属是有幸存者的，否则朝廷赐"壮节"的谥号毫无道理。

甲午海战中，冰心老人的父亲便是幸存者之一，可见邓世昌完全有可能游回岸上的。但他断然选择死亡，"今日之事，有死而已"，何等地凛然豪壮！谁说千古艰难唯一死，邓世昌沉海的选择，在我看来自然而然，较之《泰坦尼克号》上男主角的情意缠绵来，更惨烈更悲壮也更具男儿血性！

邓世昌的爱犬最后也随他而去。据说这只通灵性的狗一直想救主人，衔着他的衣袖不肯松口，邓世昌断然推开了它，当他们目光对视的时候，这只小狗想必也读出了自己主人必死的决心，它便以身殉主了。

这只小狗没见诸正史，电影《甲午海战》中也缺少了这一笔，可我相信这是历史的真实。

致远号巡洋舰的沉没，是北洋水师耻辱的败绩，大清帝国无奈的衰落，但对邓世昌个人而言，则是另一种意义上的永生。

三十九岁的邓世昌，邓壮节，邓大人，以辽阔黄海为自己灵魂的栖息地，精神的驰驱场，任浪花飞溅，激情澎湃着，直到一个又一个世纪……

导读

　　高洪波，1951年生于内蒙古，笔名向川。儿童文学作家，诗人，散文家。先后出版过《大象法官》《鹅鹅鹅》等20余部儿童诗集，《鸟石的秘密》《渔灯》等20余部幼儿童话，《说给缪斯的情话》等4部评论集以及诗集《心帆》等。

　　1894年的中日甲午之战涌现了许多英勇作战的官兵，为人们所颂扬，邓世昌就是其中著名的将领。时为致远号巡洋舰管带的邓世昌，在黄海海战中壮烈牺牲。这篇文章选取邓世昌沉入海中的高潮一刻进行书写，为读者朋友再次呈现了那段惨烈的历史。杀敌报国的壮怀激烈与以生殉国的理想践行，读来令人唏嘘不已。在作者激扬的文字中，读者朋友们可以重温甲午海战的惨烈，感悟英烈捐躯的悲壮，在心中再一次为邓世昌的爱国壮举树立起历史的丰碑。

守望长城①

杏臻 著

在人生匆匆而又珍贵的细节中，我又一次在这里久久驻足，长城大地之上的苍穹，苍穹之下的桑田，像一部经典的史书，每一页都镌刻着扣人心弦的惊叹。

站在长城之巅，突然涌上了一种难以承受之重的感触。胸中有着茫茫的春秋起伏，肩上负有神圣的日月星辰，历史与现实在这里交会，现在与未来在这里接壤，一个眼神便是一页不朽的篇章。于是，我不知道自己是沐浴在秦时明月之中，还是踏上了汉时雄关，拽着唐风宋雨的浪漫情怀，便将自己濡湿得淋漓尽致。在整部人类史中，长城之外还有长城吗？

无论在世界的任何一个角落，提起中国北京，人们第一个念到的名字便是这神奇巍峨的万里长城！这蜿蜒于千山之巅、莽莽苍苍的中国的长城，这壮丽辉煌的荣光是祖先赐予我们的永远的精神摇篮。

---

①选自《散文百家》，2004年第19期。

　　五千年的白云苍狗，五千年的日出日落，当中国的始皇帝开始修筑长城时，西方尚处于耶稣诞生前的蒙昧时代。而在华夏，在闪光的《诗经》华章之外，在老子已将宇宙和历史融会贯通的"道"中，在秦国兵马横扫六合的金戈铁马声里，长城已经耸起了古老中国的精神脊梁。

　　如今长城横笛竖箫般的静美地躺在古老中国的青春怀里，鼓实的肩膀勾画出世界上最壮美的图腾。这是中国的骄傲，这是奔涌的力和美的精彩组合。

　　无论是过去的帝王，还是今天的百姓，登临长城都是为了寻找一个新的视点，使自己内心的飞扬与智慧的灵光奔腾于巅峰状态。透过一砖一石，我看到了从甲骨文演变成方形汉字的中国；穿过蜿蜒起伏的城墙，我看到了从丝绸之路驼铃声中走来的中国。此时此刻，我将双臂伸展到不可能再长的长度，渴望拥抱长城，更渴望拥抱今日之中国。登临长城，感受自我和民族的万象更新；登临长城，可以使太阳从灵魂中升起。

　　面对这无边无际的生命高原，我真的很难想象在自己长长的一生中能否开启这万里长城般的胸襟。这份由长城赐给我的属于历史的感觉，是希望和再生的感觉，是属于我个人内心的起伏和超拔。

　　但又不知道为什么我竟突然有一种温柔的隐痛。

　　一个秦时的女子将自己的胭脂泪点点滴滴地洒在了长城的青砖上，从此凝结在人类历史的枝头上，今日的明月就是你爱的前身，温婉动人如一支挽歌震颤在长城内外。

　　遥望曾经凄风苦雨的山海关，曾经令人荡气回肠的山海关，在后来者的眼中却是一个曾经浪漫了千年的山海关。到了今天，我情愿把它理解成一对相濡以沫的灵魂是需要付出代价的，一次真爱就是一场生死。只是如今谁懂呢？谁愿意相信呢？

　　我唯美的眼光正与一对情侣相遇时，发现他们正向空中随手抛出了两只空空的饮料瓶。

　　我渴求完美的心灵不禁为之一颤。

　　是的，当时代发展到今天，当我们看到人性中的美好与鄙陋继续向前再向前时，你是幸福还是忧伤？会不会有人为之枕着长城的台阶而彻夜无眠？

　　枕着长城的台阶，我确信历史的存在。它让我明白了个体生命是从怎样的一条抵抗着风雪并荡漾着绚丽浪花的河流里延伸而来的。

　　枕着长城的台阶，它让我充分体验到了在人文空气日益稀薄的生命高原上，我们的心中还有一点什么没有熄灭："天下兴亡、匹夫有责"将是我们不变的精神指标。

　　忘不了，这里曾经承载过太多的苦难。烽火狼烟、朝代更迭、外寇入侵、民族生死，都在那斑驳的墙体和被风雨侵蚀的台阶上记录着。中国人曾有的伤疤，应该让每一个炎黄子孙去抚摸，并夜夜牢记。多少年风雨你默默承受，多少年苦难你独自经受，多少年辛酸你都尝过，我知道，没有你就没有我，所以你的未来我愿意肩负。

导读

杏臻，当代作家，以散文见长。代表作有《守望长城》《行走阳关》《三秋桂子》等。

毛泽东云："不到长城非好汉。"长城是中国古代劳动人民创造的伟大奇迹，是中国悠久历史的见证。长城是中华民族的标志，是古老中国的精神脊梁。作者在这篇文章中，抒发了这种自豪感，为长城所代表的历史精神而感叹。孟姜女哭长城的故事让作者感到"温柔的隐痛"，为历史上百姓的苦难而痛惜；长城上乱抛的饮料瓶让作者"心灵不禁为之一颤"，为今日人文精神的缺失而忧患。读者朋友，当你去登临长城的时候，不妨像作者一样，寻找一下新的视点，"使自己内心的飞扬与智慧的灵光奔腾于巅峰状态"，在感受自我和民族万象更新的同时，思考一下对于未来我们该担负怎样的责任。

情感

　　人类是地球上最具情感的动物。人在没有理智之前就已经有了情感，我们所有的认知和行为几乎都受到情感的驱使。心感于物而引发的情感是人类心理活动中最原始的一种要素。没有感情生活，我们这一生将会寂寞而孤单。在我们的成长中，情感起到了决定性的作用，决定了我们会成为什么样的人，也决定了我们以怎样的感情对待他人。本单元所选的文章涉及人的各类情感，友情、爱情、亲情……以及对万物的深情。默契的情感交流带给我们的是心与心的碰撞，使我们觉得生活真美好；当然，感情的付出也会衍生出责任，其间的责任使我们学会承担，学着坚强，学着长大。

美与同情①

丰子恺 著

世间的物有各种方面，各人所见的方面不同。譬如一株树，在博物家，在园丁，在木匠，在画家，所见各人不同。博物家见其性状，园丁见其生息，木匠见其材料，画家见其姿态。

但画家所见的，与前三者又根本不同。前三者都有目的，都想起树的因果关系，画家只是欣赏目前的树的本身的姿态，而别无目的。所以画家所见的方面，是美的世界，不是真善的世界。美的世界中的价值标准，与真善的世界中全然不同，我们仅就事物的形状、色彩、姿态而欣赏，不顾问其实用方面的价值。所以一枝枯木，一块怪石，在实用上全无价值，而在中国画家是很好的题材。无名的野花，在诗人的眼中异常美丽。故艺术家所见的世界，可说是一视同仁的世界，平等的世界。艺术家的心，对于世间一切事物都给以热诚的同情。

故普通世间的价值与阶级，入了画中便全部撤销了。画家把自己的

---

①节选自《静观人生》，湖南文艺出版社，1994年版。

心移入儿童的天真的姿态中而描写儿童，又同样地把自己的心移入乞丐的病苦的表情中而描写乞丐。画家的心，必常与所描写的对象相共鸣共感，共悲共喜，共泣共笑；倘不具备这种深广的同情心，而徒事手指的刻画，绝不能成为真的画家。即使他能描画，所描的至多仅抵一幅照片。画家须有这种深广的同情心，故大艺术家必是大人格者。

艺术家的同情心，不但及于同类的人物而已，又普遍地及于一切生物、非生物；犬马花草，在美的世界中均是有灵魂而能泣能笑的活物了。诗人常常听见子规的啼血，秋虫的促织，看见桃花的笑东风，蝴蝶的送春归；用实用的头脑看来，这些都是诗人的疯话。其实我们倘能身入美的世界中，而推广其同情心，及于万物，就能切实地感到这些情景了。画家与诗人是同样的，不过画家注重其形式姿态的方面而已。我们画家描一个花瓶，必将其心移入花瓶中，自己化作花瓶，体得花瓶的力，方能表现花瓶的精神。我们的心要能与朝阳的光芒一同放射，方能描写朝阳；能与海波的曲线一同跳舞，方能描写海波。这正是"物我一体"的境界，万物皆备于艺术家的心中。

在这里我们不得不赞美儿童了，因为儿童大都是最富于同情的。且其同情不但及于人类，又自然地及于猫犬、花草、鸟蝶、鱼虫、玩具等一切事物，他们认真地对猫犬说话，认真地和花接吻，认真地和人像(doll)玩耍，其心比艺术家的心真切而自然得多！他们往往能注意大人们所不能注意的事，发现大人们所不能发现的点。所以儿童的本质是艺术的。换言之，即人类本来是艺术的，本来是富于同情的。只因长大起来受了世智的压迫，把这点灵气阻碍或消磨了。唯有聪明的人，能不屈不挠，外部即使饱受压迫，而内部仍旧保藏着这点可贵的心。这种人就是艺术家。

西洋艺术论者论艺术的心理，有"感情移入"之说。所谓感情移入，就是说我们对于美的自然或艺术品，能把自己的感情移入其中，没入其中，与之共鸣共感，这时候就体验到美的滋味。我们又可知这种自我没入的行为，在儿童的生活中为最多。他们往往把兴趣深深地没入在游戏中，而忘却自身的饥寒与疲劳。《圣经》中说："你们不像小孩子，便不得进入天国。"小孩子真是人生的黄金时代！我们的黄金时代虽然已经过去，但我们可以因艺术的修养而重新见到这幸福、仁爱而和平的世界。

1929年9月8日

导读

丰子恺（1898—1975），原名丰润，又名丰仁，浙江桐乡石门镇人。中国现代画家、散文家、美术教育家、音乐教育家、翻译家，多方面卓有成就的文艺大师。师从弘一法师，以漫画和散文创作而著名。主要作品有《子恺漫画》《子恺画集》《缘缘堂随笔》《缘缘堂再笔》等。

丰子恺礼赞儿童纯真的天性，把"童心"和"趣味"看作最理想的人格境界，对于童真的追求渗入到他的漫画中，形成了他独特的"艺术人格"。源于佛家的"慈悲之心"与他深谙的"同情心"相映，形成了"护生即护心"的人生信仰。他的文章有平易纯朴之风、宽仁隽永之意和童真天然之趣，温柔敦厚之间蕴蓄着人间的情味。

在这篇文章中，作者认为要创造出美的艺术品，非得有一颗对万事万物的热诚的同情之心不可，只有这样才能达到"物我一体"的境界，最富于这种同情心的则以儿童为最。大人在失去了孩童的世界后，可以凭借艺术的修养重新唤起对世间一切事物的爱。对世间万事万物的同情与爱是艺术与人生的根本。

钱穆论情感（两篇）

钱穆 著

情感人生[①]

　　人与人间的生活，简言之，主要只是一种情感的生活。人类要向人类自身找同情，只有情感的人生，才是真切的人生。喜怒哀乐爱恶欲，最真切的发现，只在人与人之间。其最真切的运用，亦在人与人之间。人生可以缺乏美，可以缺乏知，却不能缺乏同情与互感。没有了这两项，哪还有人生？只有人与人之间才有同情互感可言，因此情感即是人生。

　　人要在别人身上找情感，即是在别人身上找生命。人要把自己情感寄放在别人身上，即是把自己的生命寄放在别人身上了。若人生没有情感，正如沙漠无水之地一棵草，乱石瓦砾堆里一条鱼，将根本不存在。人生一切的美与知，都需在情感上生根，没有情感，亦将没有美与知。人对外物求美求知，都是间接的，只有情感人生，始是直接的。无论初民社会，

―――――――――――――――――――――

①选自《湖上闲思录》，生活·读书·新知三联书店，2005年版。

乃及婴孩时期，人生开始，即是情感开始。剥夺情感，即是剥夺人生。情感的要求，一样其深无底。千千万万年的人生，所以能不厌不倦，无穷无尽，不息不止地前进，全借那种情感要求之不厌不倦，无穷无尽，不息不止在支撑，在激变。然而爱美与求知的人生可以无失败，重情感的人生则必然会有失败。因此爱美与求知的人生不见有苦痛，重情感的人生则必然有苦痛。只要你真觉得那物美，那物对你也真成其为美。只要你对那物求有知，那物也便可成为你之知。因不知亦便是知，你知道你对它不知，便是此物已给你以知了。因此说爱美求知可以无失败，因亦无苦痛。只有要求同情与互感，便不能无失败。母爱子，必要求子之同情反应。子孝母，也必要求母之同情反应。但有时对方并不能如我所要求，这是人生最失败，也是最苦痛处。你要求愈深，你所感到的失败与苦痛也愈深。母爱子，子以同情孝母，子孝母，母以同情爱子，这是人生之最成功处，也即是最快乐处。你要求愈深，你所感到的成功与快乐也愈深。人生一切悲欢离合，可歌可泣，全是情感在背后做主。夫妇、家庭、朋友、社团，忘寝忘食、死生以之的，一切的情与爱，交织成一切的人生，写成了天地间一篇绝妙的大好文章。人生即是文学，文学也脱离不了人生。只为人生有失败，有苦痛，始有文学作品来发泄，来补偿。

人类只有最情感的，才是最人生的。只有喜怒哀乐爱恶欲的最真切最广大最坚强的情感，才是最道德的，也即是最文学的。换言之，也即是最艺术最科学的，也可说是最宗教的。

人生悲喜剧《四郎探母》[②]

中国人生以内心情感为重。

[②]选自《中国文学论丛》，生活·读书·新知三联书店，2005年版

又次再当言及《四郎探母》一剧。四郎之父杨老令公，亦为中国戏剧中一悲剧人物，《李陵碑》一剧为其代表。四郎军败被俘，改易姓名，获辽王萧太后宠爱，得为驸马，尚主居辽宫，安享富贵。民族国家大防，遗弃无存。而其家世所传，为边疆统帅忠君死敌之高风亮节，亦堕地难收。大节已丧，其人本无足论。乃犹有一节，堪值同情。方其居辽宫，已垂十五年，一旦忽闻其老母其弟重临前线，自思自叹，欲期一见，以纾泄其心中之郁结。乃苦于无以为计。其不安之心情，终于为辽公主识破。又侦得其姓名家世之真，乃不加斥责，又深付以诚挚之同情，愿于其母处盗取一令箭，俾四郎得托词出关，一见其母。而更不虑其一去而不归，冒此大险，夫妇爱情至此可谓已达极顶。而四郎归宋营，见其母，见其弟，见其妹，见其前妻，其悲喜交集之心情，亦可谓人世所稀遘。而终又不得不辞母离妻而去。其母其弟其二妹皆无以强留，而其前妻十五年守寡，一面永诀，从此天壤隔绝，将更无再见面之机会。但除号啕痛哭外，亦更有何术可加挽回。此探母之一出，亦诚可谓极人生悲剧之最上乘。任何人设身处地，亦唯有洒一掬同情之泪而止。而四郎返辽，其事已为辽王侦破，将处以极刑。公主乞情不获，其二舅代公主设计，教以从怀中幼婴身上博取老祖母回心，此幼婴即公主前夕凭以取得老祖母身前之令箭者。老祖母亦终于以慈其幼孙而回心转意。四郎获释，而一家夫妇祖孙重得团圆。遂亦以一大喜剧终。而在此回令之一幕中，亦复充满人情味，有夫妇情，有母女情，有兄妹情，有祖孙情，人情洋溢，乃置军国大计民族大防于不顾。若为不合理，而天理不外于人情，则为中国文化传统一大原则。故中国戏剧乃无不以人情为中心。人情深处，难以言语表达，故中国戏剧又莫不以歌唱为中心。唯有歌唱，乃能回肠荡气，如掬肺腑而相见也。

近代国人，一慕西化，于自己传统喜加指摘。乃嫌此剧不顾民族国家大防，终是一大憾事。有人于回令一幕重加改造，四郎终于为宋破辽，以赎前愆。此终不免于情感至高之上又羼进功利观，转令此至高无上之一幕人生悲剧，冲淡消失于无形中。而或者又谓，满洲皇帝亦以外族入主中华，故特欣赏此剧，得于宫中演唱。此尤浅薄之见，无足深辩。其他京剧在宫中演唱者，岂尽如《探母》一剧之漫失民族与国家之大防乎。四郎之失误处，乃在其被俘不死之一念上。此后之获荣宠、享富贵，皆从此贪生之一念生。所谓一失足成千古恨。此后探母一幕，四郎之内心遗恨，已透露无遗。在其回令重庆再生一喜剧之后，四郎之内心亦岂能于其探母及再见前妻之一番心情遗忘无踪，再不重上心头。可见所谓千古恨者，乃恨在四郎之心头，所以得为四郎一人千古之恨。果使四郎被俘时，能决心一死，以报国家民族，亦以报其杨门之家风，则地下有知，亦可无恨。岂复有此下回营探母一幕悲剧之发生。亦将再不成为回令重生之后此一悲剧之长在心头，而成其为一人千古之恨矣。唯在四郎被俘而荣为驸马之一段期间，则全不在此一剧中演出，然此正为国家民族大防所在。果使善观此剧，同情四郎，则于此大防与四郎之失足处，亦自可推想得之。所谓王道天理不外人情，其最深含义亦正在此见。唯其于荣为驸马安享富贵十五年之久之后，而犹不免于探母一悲剧之发生，斯则四郎所以犹得为一人，犹能博得百年千年后千万他人之同情。但其终不免有失足处，亦从此而见民族国家之大防，皆从人心之情感上建立。苟无此情感，又何来有此大防乎。

中国人重国重天下，重治平大道，皆重情。而夫妇则为人伦之首，此意甚深，可以体会，难以言宣也。

导读

钱穆（1895—1990），字宾四，笔名公沙、梁隐、与忘、孤云。中国现代著名历史学家。江苏无锡人。钱穆是完全靠自修苦读而在学术界确立地位的一位学者。他对中国历史尤其是对中国历代思想家及其思想源流的研究和考辨，均自成一家之言。钱穆著述颇丰，专著多达80种以上，代表作有《先秦诸子系年》《中国近三百年学术史》《国史大纲》等。

《情感人生》一文中，钱穆讲述了情感对于人的重要性，人与人之间的生活就是一种情感的生活，情感即是人生。人生如果没有情感，就如同沙漠里的草，瓦砾中的鱼。《人生悲喜剧〈四郎探母〉》则以《四郎探母》一剧来讲述情感对于中国人人生的重要性。因为四郎的贪生一念，才有了探母一出，此间有夫妇情，有母女情，有兄妹情，有祖孙情，人情洋溢，甚至"民族国家之大防，皆从人心之情感上建立"。一句话，中国人皆重情。

玻璃匠和他的儿子[1]

梁晓声 著

20世纪80年代以前，城市里总能见到这样一类游走匠人——他们背着一个简陋的木架街行巷现，架子上分格装着些尺寸不等、厚薄不同的玻璃。他们一边走一边招徕生意："镶——窗户！……镶——镜框！……镶——相框！……"

他们被叫作"玻璃匠"。

有时，人们甚至直接这么叫他们："哎，镶玻璃的！"

他们一旦被叫住，就有点儿钱可挣了。或一角，或几角。

总之，除了成本，也就是一块玻璃的原价，他们一次所挣的钱，绝不会超过几角去。一次能挣五角钱的活，那就是"大活"了。他们一个月遇不上几次大活的。一年四季，他们风里来雨里去，冒酷暑，顶严寒，为的是一家人的生活。他们大抵是些由于这样或那样的原因而被拒在"国营"体制以外的人。

---

[1]选自《与大师面对面精品丛书》，首都师范大学出版社，2013年版。

按今天的说法，是些当年"自谋生路"的人。有"玻璃匠"的年代，城市百姓的日子普遍都过得很拮据，也便特别仔细。不论窗玻璃裂碎了，还是相框玻璃或镜子裂碎了，那大块儿的，是舍不得扔的。专等玻璃匠来了，给切割一番，拼对一番。要知道，那是连破了一只瓷盆都舍不得扔专等铜匠来了给锔上的穷困年代啊！

玻璃匠开始切割玻璃时，每每都吸引不少好奇的孩子围观。孩子们的好奇心，主要是由玻璃匠那一把玻璃刀引起的。玻璃刀本身当然不是玻璃的，刀看去都是样子差不了哪儿去的刃具，像临帖的毛笔，刀头一般长方而扁，其上固定着极小的一粒钻石。玻璃刀之所以能切割玻璃，完全靠那一粒钻石。没有了那一粒小小的钻石，一把新的刀便一钱不值了。玻璃匠也就只得改行，除非他再买一把玻璃刀。而从前一把玻璃刀一百几十元，相当于一辆新自行车的价格。对于靠镶玻璃养家糊口的人，谈何容易！并且，也极难买到。

因为在从前，在中国，钻石本身太稀缺了。所以中国的玻璃匠们，用的几乎全是中华人民共和国成立之前的玻璃刀，大抵是外国货。中华人民共和国成立之前，中国人还造不出玻璃刀来。将一粒小小的钻石固定在铜的或钢的刀头上，是一种特殊的工艺。

可想而知，玻璃匠们是多么爱惜他们的玻璃刀！与侠客对自己兵器的爱惜程度相比，也是不算夸张的。每一位玻璃匠都一定为他们的玻璃刀做了套子，像从前的中学女生总为自己心爱的钢笔织一个笔套一样。有的玻璃匠，甚至为他们的玻璃刀做了双层的套子。

一层保护刀头，另一层连刀身都套进去，再用一条链子系在内衣兜里，像系着一块宝贵的怀表似的。当他们从套中抽出玻璃刀，好奇的孩子们就将一双双眼睛瞪大了。玻璃刀贴着尺在玻璃上轻轻一划，随之出现一道纹，再经玻璃匠的双手有把握地一掰，玻璃就沿纹齐整地分开了，在孩子们看来那是不可思议的……

我的一位中年朋友的父亲，从前便是一名玻璃匠。他的父亲有一把德国造的玻璃刀。那把玻璃刀上的钻石，比许多玻璃刀上的钻石都大，约半个芝麻粒儿那么大。它对于他的父亲和他一家，意味着什么不必细说。

有次我这位朋友在我家里望着我父亲的遗像，聊起了自己曾是玻璃匠的父亲，聊起了他父亲那一把视如宝物的玻璃刀。我听他娓娓道来，心中感慨万千！

他说他父亲一向身体不好，脾气也不好。他十岁那一年，他母亲去世了，从此他父亲的脾气就更不好了。而他是长子，下面有一个弟弟和一个妹妹。父亲一发脾气，他首先就成了出气筒。年纪小小的他，和父亲的关系越来越紧张，也越来越冷漠。他认为他的父亲一点儿也不关爱他和弟弟妹妹。他暗想，自己因而也有理由不爱父亲。他承认，少年时的他，心里竟有点儿恨自己的父亲……

有一年夏季，他父亲回老家去办理他祖父的丧事。父亲临走，指着一个小木匣严厉地说："谁也不许动那里边的东西！"——他知道父亲的话主要是说给他听的。同时猜到，父亲的玻璃刀放在那个小木匣里了。但他毕竟也是个孩子啊！别的孩子感兴趣的东西，他也免不了会对之产生好奇心呀！何况那东西是自己家里的，就放在一个没有锁的、普普通通的小木匣里！于是父亲走后的第二天他打开了那小木匣，父亲的玻璃刀果然在内。但他只是将玻璃刀从双层的绒布套子里抽出来欣赏一番，比画几下而已。他以为他的好奇心会就此满足，却没有。

第二天他又将玻璃刀拿在手中，好奇心更大了，找到块碎玻璃试着在上边划了一下，一掰，碎玻璃分为两半，他就觉得更好玩了。以后的几天里，他也成了一名小玻璃匠，用东捡西拾的碎玻璃，为同学们切割出了一些玻璃的直尺和三角尺，大受欢迎。然而最后一次，那把玻璃刀没能从玻璃上划出纹来，仔细一看，刀头上的钻石不见了！

　　他这一惊非同小可，心里毛了，手也被玻璃割破了。他怎么也没想到，使用不得法，刀头上那粒小小的钻石，是会被弄掉的。他完全搞不清楚是什么时候掉的，可能掉在哪儿了。就算清楚，又哪里会找得到呢？就算找到了，凭他，又如何安到刀头上去呢？他对我说，那是他人生中所面临的第一次重大事件。甚至，是唯一的一次重大事件。以后他所面临过的某些烦恼之事的性质，都不及当年那一件事严峻。他当时可以说是吓傻了……

　　由于恐惧，那一天夜里，他想出了一个卑劣的办法——第二天他向同学借了一把小镊子，将一小块碎玻璃在石块上仔仔细细捣得粉碎，夹起半个芝麻粒儿那么小的一个玻璃碴儿，用胶水粘在玻璃刀的刀头上了。那一年是1972年，他十四岁……

　　三十余年后，在我家里，想到他的父亲时，他一边回忆一边对我说："当年，我并不觉得我的办法卑劣。甚至，还觉得挺高明。我希望父亲发现玻璃刀上的钻石粒儿掉了时，以为是他自己使用不慎弄掉的。那么小的东西，一旦掉了，满地哪儿去找呢？既找不到，哪怕怀疑是我搞坏的，也没有什么根据，只能是怀疑啊！"

　　他的父亲回到家里后，吃饭时见他手上缠着布条，问他手指怎么了，他搪塞地回答，生火时不小心被烫了一下。父亲没再多问他什么。

　　翌日，父亲一早背着玻璃箱出门挣钱去。才一个多小时就回来了，脸上阴云密布。他和他的弟弟妹妹吓得大气儿都不敢出一口。然而父亲并没问玻璃刀的事，只不过仰躺在床上，闷声不响地接连吸烟……

　　下午，父亲将他和弟弟妹妹叫到跟前，依然阴沉着脸但却语调平静地说："镶玻璃这种营生是越来越不好干了。哪儿哪儿都停产，连玻璃厂都不生产玻璃了。玻璃匠买不到玻璃，给人家镶什么呢？我要把那玻璃箱连同剩下的几块玻璃都卖了。我以后不做玻璃匠了，我得另找一种活儿挣钱养活你们……"他的父亲说完，真的背起玻璃箱出门卖去了……

以后，他的父亲就不再是一个靠手艺挣钱的男人了，而是一个靠力气挣钱养活自己儿女的男人了。他说，以后他的父亲做过临时搬运工，做过临时仓库看守员，做过公共浴堂的临时搓澡人，居然还放弃一个中年男人的自尊，正正式式地拜师为徒，在公共浴堂里学过修脚……

而且，他父亲的暴脾气，不知为什么竟一天天变好了，不管在外边受了多大委屈和欺辱，再也没回到家里冲他和弟弟妹妹宣泄过。那当父亲的，对于自己的儿女们，也很懂得问饥问寒地关爱着了。这一点一直是他和弟弟妹妹们心中的一个谜，虽然都不免奇怪，却并没有哪一个当面问过他们的父亲。

到了我的朋友三十四岁那一年，他的父亲因积劳成疾，才六十多岁就患了绝症。在医院里，在曾做过玻璃匠的父亲的生命之烛快燃尽的日子里，我的朋友对他的父亲备加孝敬。那时，他们父子的关系已变得非常深厚了。一天，趁父亲精神还可以，儿子终于向父亲承认，二十几年前，父亲那一把宝贵的玻璃刀是自己弄坏的，也坦白了自己当时那一种卑劣的想法……

不料他父亲说："当年我就断定是你小子弄坏的！"

儿子惊讶了："为什么，父亲？难道你从地上找到了……那么小那么小的东西啊，怎么可能呢？"

他的老父亲微微一笑，语调幽默地说："你以为你那种法子高明啊？你以为你爸就那么容易骗呀？你又哪里会知道，我每次给人家割玻璃时，总是习惯用大拇指抹抹刀头。那天，我一抹，你粘在刀头上的玻璃碴子扎进我大拇指肚里去了。我只得把揣进自己兜里的五角钱又掏出来退给人家了。我当时那种难堪的样子就别提了，那么些大人孩子围着我看呢！儿子你就不想想，你那么做，不是等于要成心当众出你爸的洋相吗？"

儿子愣了愣，低声又问："那你，当年怎么没暴打我一顿？"他那老父亲注视着他，目光一时变得极为温柔，语调缓慢地说："当年，我是那么想来着。恨不得几步就走回家里，见着你，掀翻就打。可走着走着，似乎有谁在我耳边对我说，你这个当爸的男人啊，你怪谁呢？你的儿子弄坏了你的东西不敢对你说，还不是因为你平日对他太凶吗？你如果平日使他感到你对于他是最可亲爱的一个人，他至于那么做吗？一个十四岁的孩子，那么做是容易的吗？换成大人也不容易啊！不信你回家试试，看你自己把玻璃捣得那么碎，再把那么小那么小的玻璃碴粘在金属上容易不容易？你儿子的做法，是怕你怕的呀！……我走着走着，就流泪了。那一天，是我当父亲以来，第一次知道心疼孩子。以前呢，我的心都被穷日子累糙了，顾不上关怀自己的孩子们了……"

"那，爸你也不是因为镶玻璃的活儿不好干了才……"

"唉，儿子你这话问的！这还用问吗？"

我的朋友，一个三十四岁的儿子，伏在他老父亲身上，无声地哭了。

几天后，那父亲在他的两个儿子一个女儿的守护之下，安详而逝……

我的朋友对我讲述完了，我和他不约而同地吸起烟来，长久无话。

那时，夕照洒进屋里，洒了一地，洒了一墙。我老父亲的遗像，沐浴着夕照，他在对我微笑。他也曾是一位脾气很大的父亲，也曾使我们当儿女的都很惧怕。可是从某一年开始，他忽然间判若两人，变成了一位性情温良的父亲。

我望着父亲的遗像，陷入默默的回忆——在我们几个儿女和我们的父亲之间，想必也曾发生过类似的事吧？那究竟是一件什么事呢？——可我却没有我的朋友那么幸运，至今也不知道。而且，也不可能知道了，将永远是一个谜了……

导读

梁晓声，1949年生于哈尔滨。原名梁绍生。当代著名作家，以知青文学蜚声文坛。代表作品有《今夜有暴风雪》《这是一片神奇的土地》等。凭借作品《人世间》获得第十届茅盾文学奖。

梁晓声一直被当作是平民的代言人，通过他的作品，读者朋友们可以看到生活在社会底层的小人物的酸甜苦辣，他们的追求与幻灭、执着与无奈。在这些人物身上，读者朋友会看到生活的艰辛，却看不到他们对命运的自怨自艾，看不到对苦难的低头服输，有的只是乐观与知足，以及对生活的热爱和赞美。

《玻璃匠和他的儿子》从20世纪80年代城市里游走的手艺人——玻璃匠，切入文章，引出自己朋友儿时弄坏了贵重的玻璃刀的故事。故事的结局是温暖的，朋友的父亲没有责罚孩子，反而变得性情温良起来，懂得心疼孩子了。文章语言极为平实，而在这种平实风格下所流露出的情感显得愈发地感人至深。读后，对父母之恩的感动久久不能平息。

长恨歌[①]

（唐）白居易 著

汉皇重色思倾国，御宇多年求不得。杨家有女初长成，养在深闺人未识。天生丽质难自弃，一朝选在君王侧。回眸一笑百媚生，六宫粉黛无颜色。春寒赐浴华清池，温泉水滑洗凝脂。侍儿扶起娇无力，始是新承恩泽时。云鬓花颜金步摇，芙蓉帐暖度春宵。春宵苦短日高起，从此君王不早朝。承欢侍宴无闲暇，春从春游夜专夜。后宫佳丽三千人，三千宠爱在一身。金屋妆成娇侍夜，玉楼宴罢醉和春。姊妹弟兄皆列土，可怜光彩生门户。遂令天下父母心，不重生男重生女。骊宫高处入青云，仙乐风飘处处闻。缓歌慢舞凝丝竹，尽日君王看不足。渔阳鼙鼓动地来，惊破霓裳羽衣曲。九重城阙烟尘生，千乘万骑西南行。翠华摇摇行复止，西出都门百余里。六军不发无奈何，宛转蛾眉马前死。花钿委地无人收，翠翘金雀玉搔头。君王掩面救不得，回看血泪相和流。黄埃散漫风萧索，云栈萦纡登剑阁。峨眉山下少人行，旌旗无光日色薄。

[①]选自《唐诗鉴赏辞典》，上海辞书出版社，1983年版。

蜀江水碧蜀山青，圣主朝朝暮暮情。行宫见月伤心色，夜雨闻铃肠断声。天旋地转回龙驭，到此踌躇不能去。马嵬坡下泥土中，不见玉颜空死处。君臣相顾尽沾衣，东望都门信马归。归来池苑皆依旧，太液芙蓉未央柳。芙蓉如面柳如眉，对此如何不泪垂。春风桃李花开日，秋雨梧桐叶落时。西宫南苑多秋草，落叶满阶红不扫。梨园弟子白发新，椒房阿监青娥老。夕殿萤飞思悄然，孤灯挑尽未成眠。迟迟钟鼓初长夜，耿耿星河欲曙天。鸳鸯瓦冷霜华重，翡翠衾寒谁与共。悠悠生死别经年，魂魄不曾来入梦。临邛道士鸿都客，能以精诚致魂魄。为感君王辗转思，遂教方士殷勤觅。排空驭气奔如电，升天入地求之遍。上穷碧落下黄泉，两处茫茫皆不见。忽闻海上有仙山，山在虚无缥缈间。楼阁玲珑五云起，其中绰约多仙子。中有一人字太真，雪肤花貌参差是。金阙西厢叩玉扃，转教小玉报双成。闻道汉家天子使，九华帐里梦魂惊。揽衣推枕起徘徊，珠箔银屏迤逦开。云鬓半偏新睡觉，花冠不整下堂来。风吹仙袂飘飘举，犹似霓裳羽衣舞。玉容寂寞泪阑干，梨花一枝春带雨。含情凝睇谢君王，一别音容两渺茫。昭阳殿里恩爱绝，蓬莱宫中日月长。回头下望人寰处，不见长安见尘雾。唯将旧物表深情，钿合金钗寄将去。钗留一股合一扇，钗擘黄金合分钿。但教心似金钿坚，天上人间会相见。临别殷勤重寄词，词中有誓两心知。七月七日长生殿，夜半无人私语时。在天愿做比翼鸟，在地愿为连理枝。天长地久有时尽，此恨绵绵无绝期。

导读

　　白居易（772—846），字乐天，号香山居士，又号醉吟先生，祖籍太原。唐代伟大的现实主义诗人，唐代三大诗人之一。白居易主张"文章合为时而著，歌诗合为事而作"，肯定诗歌的教育意义和政治作用。有《白氏长庆集》传世，代表诗作有《长恨歌》《卖炭翁》《琵琶行》等。

　　《长恨歌》是白居易诗作中脍炙人口的名篇。这首诗是他和友人同游仙游寺，有感于唐玄宗、杨贵妃的故事而创作的。虽然这首诗歌的主题思想具有多义性，经历千年至今还没有一个统一的结论，但是当读者朋友第一次读到《长恨歌》的时候，第一印象肯定是对唐明皇与杨贵妃的爱情唏嘘不已。他们的爱情故事构成了故事的主线，从彼此寻求、迷恋、恩爱到后来的阴阳两隔，让人觉得凄美。全诗语言华丽，情节曲折婉转，情感缠绵悱恻、如泣如诉，读来使人荡气回肠。

祭妹文①

（清）袁枚 著

乾隆丁亥冬，葬三妹素文于上元之羊山，而奠以文曰：

呜呼！汝生于浙，而葬于斯，离吾乡七百里矣；当时虽觭梦幻想，宁知此为归骨所耶？

汝以一念之贞，遇人仳离，致孤危托落，虽命之所存，天实为之；然而累汝至此者，未尝非予之过也。予幼从先生授经，汝差肩而坐，爱听古人节义事；一旦长成，遽躬蹈之。呜呼！使汝不识《诗》《书》，或未必艰贞若是。

予捉蟋蟀，汝奋臂出其间；岁寒虫僵，同临其穴。今予殓汝葬汝，而当日之情形，憬然赴目。予九岁，憩书斋，汝梳双髻，披单缣来，温《缁衣》一章；适先生奓户入，闻两童子音琅琅然，不觉莞尔，连呼"则则"，此七月望日事也。汝在九原，当分明记之。予弱冠粤行，汝掎裳悲恸。逾三年，予披宫锦还家，汝从东厢扶案

---

① 选自《小仓山房诗文集》，上海古籍出版社，1988年版。

出，一家瞠视而笑，不记语从何起，大概说长安登科、函使报信迟早云尔。凡此琐琐，虽为陈迹，然我一日未死，则一日不能忘。旧事填膺，思之凄梗，如影历历，逼取便逝。悔当时不将婴婉情状，罗缕记存；然而汝已不在人间，则虽年光倒流，儿时可再，而亦无与为证印者矣。

汝之义绝高氏而归也，堂上阿奶，仗汝扶持；家中文墨，眎汝办治。尝谓女流中最少明经义、谙雅故者。汝嫂非不婉嫕，而于此微缺然。故自汝归后，虽为汝悲，实为予喜。予又长汝四岁，或人间长者先亡，可将身后托汝；而不谓汝之先予以去也。前年予病，汝终宵刺探，减一分则喜，增一分则忧。后虽小差，犹尚㿰殡，无所娱遣；汝来床前，为说稗官野史可喜可愕之事，聊资一欢。呜呼！今而后，吾将再病，教从何处呼汝耶？

汝之疾也，予信医言无害，远吊扬州；汝又虑戚吾心，阻人走报；及至绵惙已极，阿奶问："望兄归否？"强应曰："诺。"已予先一日梦汝来诀，心知不祥，飞舟渡江，果予以未时还家，而汝以辰时气绝；四支犹温，一目未瞑，盖犹忍死待予也。呜呼痛哉！早知诀汝，则予岂肯远游？即游，亦尚有几许心中言要汝知闻、共汝筹画也。而今已矣！除吾死外，当无见期。吾又不知何日死，可以见汝；而死后之有知无知，与得见不得见，又卒难明也。然则抱此无涯之憾，天乎人乎！而竟已乎！

汝之诗，吾已付梓；汝之女，吾已代嫁；汝之生平，吾已作传；惟汝之窀穸，尚未谋耳。先茔在杭，江广河深，势难归葬，故请母命而宁汝于斯，便祭扫也。其傍，葬汝女阿印；其下两冢：一为阿爷侍者朱氏，一为阿兄侍者陶氏。羊山旷渺，南望原隰，西望栖霞，风雨晨昏，羁魂有伴，当不孤寂。所怜者，吾自戊寅年读汝哭侄诗后，至今无男；两女牙牙，生汝死后，才周晬耳。予虽亲在未敢言老，而齿危发秃，暗里自知；知在人间，尚复几日？阿品远官河南，亦无子女，九族无可继者。汝死我葬，我死谁埋？汝倘有灵，可能告我？

呜呼！生前既不可想，身后又不可知；哭汝既不闻汝言，奠汝又不见汝食。纸灰飞扬，朔风野大，阿兄归矣，犹屡屡回头望汝也。呜呼哀哉！呜呼哀哉！

导读

　　袁枚（1716—1797），清代诗人、诗论家、散文家。钱塘（今浙江杭州）人。字子才，号简斋，晚号小仓山居士、随园主人、随园老人。

　　袁枚是性灵派的倡导者和代表人物。他的文学理论和诗文创作，标举性灵，风靡一时。"性灵说"主张作家要直抒胸臆，写出个人的"性情遭际"，贵在自然真实，强调独创，反对模拟，反对程朱理学的束缚。

　　散文《祭妹文》哀婉真挚，流传久远，堪称"性灵说"的代表作。这是一篇祭文，祭奠的是作者的三妹，其去世时仅四十岁。作者寓真情于家庭琐事的娓娓诉说之中，采取顺叙写法，先写幼年情事，再写次年归家之后的景况，最后写病危和去逝，行文中还穿插些许景物描绘，使痛惜、哀伤、悔恨、无可奈何等诸多情感有机地融为一体，令人痛断肝肠。全文事事关情，语语动情，字字含情，一往而情深。

道德

　　道德是一种社会意识形态，是人们共同生活及其行为的准则和规范。任何一个人只有具有良好的道德修养，才会被人们所尊重。道德境界的获得，需要每个人为实现一定的理想人格而在意识和行为方面进行有意识的自我锻炼。道德修养涉及正确的待人处世的态度，涉及思想、理论、知识、艺术等方面所达到的水平。那么，我们如何提高自身修养呢？本单元所选的几篇文章都具有丰富的教育功能和深刻的生活意义，书中的智慧不仅可以激发读者朋友进行多角度的思考，还可以点燃内心深处的智慧火花。愿每一位读者朋友都能竭力去做一个有爱心、有原则、有趣味、有教养、能自省的具有良好道德修养的人。

哈佛家训①

[美]威廉·贝纳德 著　张玉 译

学会爱你的亲人

有一个美籍非洲裔家庭，父亲去世后，他的人寿保险使儿女们获得了一万美元。母亲认为应该好好利用这笔遗产，在乡间买一栋有园子可种花的房子，让全家搬离哈林贫民区；女儿则想利用这笔钱去实现一个梦想——上医学院。

然而，大儿子却提出一个要求：他希望用这笔钱和朋友一起创业。他说，这笔钱将使他功成名就，并让家人的命运得到彻底改变。他承诺说，只要给他这笔钱，他将使家人多年来忍受的贫困得到补偿。

这是一个难以拒绝的要求。

母亲尽管感到不那么对头，还是决定把钱交给儿子，她承认他以前从来没有得到过这样的机会，他有理由获得这笔钱的使用权。

---

①选自《哈佛家训》，中国妇女出版社，2010年版。

结果儿子的朋友很快携款而逃。

带着坏消息，失望的儿子只好告诉家人，梦想已经破灭，美好的生活已经没有可能。妹妹用各种难听的话对他冷嘲热讽，用所有轻蔑的字眼来斥骂他。哥哥在她眼里几乎成了一钱不值的废物。

"我曾教过你，"当女儿骂得不知住口时，母亲打断她说，"我曾教过你要爱。"

"爱他？"女儿一脸惊讶，说，"他已经毫无可爱之处。"

"任何人总有他的可爱之处。"母亲说，"一个人假如不学会这一点，那你就什么也没学会。你为他落过一滴泪吗？我不是指为了我们全家失去了那一笔钱，而是为你哥哥，为你的亲兄长所经历的不幸遭遇。孩子，你想一想，我们什么时候最应该去爱人？是当他们一切事情做得好上加好，让每一个人都感到满意的时候？假如是那样，你就远远没有学会，因为那根本不到时候。不，应当在他们遭受挫折，意志消沉，不再信任自己的时候！孩子，评价他人应该用中肯的态度，要知道，一个人穿越了多少风雨黑暗，才成为这样的人。"

幸福家庭不是一个人所能构成的，而是由每一个成员和谐相处共同构成的，爱是家庭关系存在的基础，亲人之间的相互关爱是构建美满家庭的源泉。

当一个人看上去不再可爱时，仍然去爱他，这才是真正的爱。这样的爱，能拯救他人，也使自己的心灵得到净化和升华。一个连亲人都不爱的人，根本谈不上会爱身边的人和祖国。

坚守原则就不会迷失

亚雅大学毕业后到现在，已经半年了，但是工作一直找得很不顺利。

当她走进这间大公司的接待室时，手上拿的号码牌是第二十七号。

被时间消磨得有点失去信心的亚雅，看着前面应征的女孩们，总觉得她们各方面一定都比自己强。

此刻的亚雅虽然信心不足，却仍不断地告诉自己："希望看似渺茫，但是一定还有机会的，别灰心！"

等到亚雅走进面试房间时，几乎已经是下班时间了。主考官们个个露出倦态，从询问年龄、文凭、特长到传阅个人数据，一切动作与问话几乎成了一种例行公事。

最后，其中一位较年长的主考官问："如果你和客人应酬时，为了公司的利益，要你做出有限度的牺牲，你愿意吗？"

亚雅听到"有限度的牺牲"时，精神忽然清醒起来，心里想着："为什么要做出有限度的牺牲？是被人占便宜吗？为了立足而放弃自己的原则吗？"

亚雅仔细地想了想，坚定地站了起来，说："不愿意！"

正当她转身，准备说再见的时候，这位年长的主考官却朗声说："恭喜你，你被录取了。你是第二十七位应征者，也是第一个说'不'的人，我们正需要像你这样坚持自己原则的人才。"

其实，在我们身边这类情况层出不穷，就像工作这件事，是为赚钱而工作，还是因为兴趣而工作，有多少人清楚自己想要的是什么？现在做的是什么？

凡事都有一定的目的与意义，只要确认我们的方向正确无误，便能坚持自己的原则，即使此刻还在迷宫中跌跌撞撞，我们也不再迷失，会比别人更早一步走出迷阵。

导读

　　威廉·贝纳德（1873—1950），出生于丹麦，著名的小说家、诗人。主要作品有长篇系列小说《漫长的旅行》等。1944年获诺贝尔文学奖。其作品凭借丰富有力的诗意想象，将胸襟广博的求知心和大胆的、清新的创造性风格相结合，成为风靡一时的畅销文学。

　　作为父亲，在孩子成长的重要时刻，威廉·贝纳德拿起笔，将拳拳爱子之心倾注在纸上，将自己的人生经验通过一个个生动有趣的小故事讲给孩子们，这份特殊的成长礼物就是《哈佛家训》。《哈佛家训》总结了成功者们在奋斗路上所秉持的精神特质，告诉我们唯有不断辨清好坏、美丑，坚持正义，才能受益于良好的性格与品质，乐观坚强地过好这一生。这里节选的两篇文章告诉我们：人要学会爱，爱不仅是家庭美满的源泉，也是爱他人和祖国的前提；做人要有原则，方向无误，坚持原则，即便前路坎坷，人生也不会迷失。

教育你的父母①

梁实秋 著

"养不教,父之过"。现在时代不同了。父母年纪大了,子女也负有教育父母的义务。话说起来好像有一点刺耳,而事实往往确是这样。

"吃到老,学到老"。前半句人人皆优为之,后半句却不易做到。人到七老八十,面如冻梨,痴呆黄耇,步履维艰,还教他学什么?只会含饴弄孙(如果他被准许做这样的事),或只坐在公园木椅上晒太阳。这时候做子女的就要因材施教,教他的父母不可自暴自弃,应该"当一天和尚撞一天钟","人生七十才开始"。西谚有云:"没有狗老得不能学新把戏。"岂可人不如狗?并且可以很容易地举出许多榜样,例如:

一、摩西老祖母一百岁时还在画画。

二、罗素九十四岁时还在为世界和平奔走。

三、萧伯纳九十二岁还在编戏。

---

①选自《梁实秋作品精选》,长江文艺出版社,2004年版。

四、史怀泽八十九岁还在非洲行医。

五、歌德写完他的《浮士德》时是八十三岁。

旁敲侧击，教他见贤思齐，争上游，不可以自甘老朽，饱食终日。游手好闲，耗吃等死，就是没出息。年轻人没出息，犹有指望，指望他有朝一日悔过自新。上了年纪的人没出息，还有什么指望？下辈子？

孩子已经长大成人，甚至已经生男育女，在父母眼中他还是孩子。所以老莱子彩衣娱亲，仆地作儿啼，算是孝行。那时候他已经行年七十，他的父母该是九十以上的人了。这种孝行如今不可能发生。如今的孩子，翅膀一硬，就要远走高飞，此后男婚女嫁，小两口子自成一个独立的单位，五世同堂乃成为一种幻想，或竟是梦魇。现代子女应该早早提醒父母，老境如何打发，宜早为之计，告诉他们如何储蓄以为养老之资，如何锻炼身体以免百病丛生。最重要的是让他们在心理上有所准备，需要自求多福。颐养天年，与儿女无涉。俗语说："一个人可以养活十个儿子，十个儿子养不活一个爸爸。"那就是因为儿子本身也要养活儿子，自顾不暇，既要承上，又要启下，忙不过来。十个儿子互相推诿，爸爸就没人管了。

代沟之说，有相当的道理。不过这条沟如何沟通，只好潜移默化，子女对父母要耳提面命。上一代的人有许多怪习惯，例如：父母对于用钱的方式，就常不为子女所了解。年轻人心里常嘀咕，你要那么多钱干什么？一个钱也带不进棺材里去！一个钱看得像斗大，一串串地穿在肋骨上，就是舍不得摘下来。眼瞧着钱财越积越多，而生活水准不见提高。嘀咕没有用，要在事实上逐步提示新的生活模式。看他的一把座椅缺了一只脚，垫着一块砖，勉强凑合，你便不妨给他买一张转椅躺椅之类，看他肯不肯坐。看他的衣服捉襟见肘，污渍斑斑，你便不妨给他买一件松松大大的夹克，看他肯不肯穿。这当然不免要破费几文，然而这是个案研究的教学法，教具是免不了的。终极目的是要父母懂得如何过现代的生活，要让他知道消费未必就是浪费。

勤俭起家的人无不爱惜物资。一颗饭粒都不可剩在碗里，更不可以落在地上。一张纸，一根绳，都不能委弃，以至家家都有一屋子的破铜烂铁。陶侃竹头木屑的故事一直传为美谈，须知陶侃至少有储存那些竹头木屑的地方。如今三房两厅的逼仄的局面，如何容得下那一大堆的东西？所以做子女的在家里要不时地负起清除家里陈年垃圾的责任。要教导父母，莫要心疼，旧的不去，新的不来。

我们中国人一般没有立遗嘱的习惯，尽管死后子女也许会打得头破血流，或是把一张楠木桌锯成两半以便平分，或是缠讼经年丢人现眼，就是不肯早一点安排清楚。其原因在于讳言死。人活着的时候称死为"不讳"或"不可讳"，那意思就是说能讳时则讳，直到翘了辫子才不再讳。逼父母立遗嘱，这当然使不得。劝父母立遗嘱，也很难启齿。究竟如何使父母早立遗嘱，就要相机行事，趁父母心情开朗的时候，婉转进言，善为说辞，以不伤感情为主。等到父母病革，快到易箦的时候才请他口授遗言，似乎是太晚了一些。

教育的方法多端，言教不如身教。父母设非低能，大抵也会知道模仿。在公共场所，如果年轻人都知道不可喧哗，他们的父母大概也会不大声说话。如果年轻人都知道鱼贯排队，他们的父母也会不再攘臂抢先。如果年轻人不牵着狗在人行道上遗矢，他们的父母也许不好意思到处吐痰。种种无言之教，影响很大，父母教育儿女，儿女也教育父母，有些事情是需要的。

有些父母在行为上犯有错误，甚至恶性重大不堪造就，为人子者也负有教育的责任。子曰："事父母，几谏；见志不从，又敬而不违，劳而不怨。"这就是说，父母有错，要委婉劝告，不可不管；他不听，也不可放弃不管，更不可怨恨。当然，更不可以体罚。看父母那副孱弱的样子，不足以当尊拳。

导读

梁实秋 (1903—1987)，原名梁治华，字实秋，笔名子佳、秋郎、程淑等。著名的现当代散文家、学者、文学批评家、翻译家，国内第一个研究莎士比亚的权威。曾与鲁迅等左翼作家笔战不断。一生给中国文坛留下了两千多万字的著作，其散文集创造了中国现代散文著作出版的最高纪录。代表作有《雅舍小品》《看云集》等。

梁实秋自小便深受传统文化熏陶，后来又受到白璧德新人文主义影响，在中西方文化的共同影响下，他的散文温柔敦厚，雅洁隽永，寓庄于谐，妙语连篇，个性鲜明，韵味浓郁。这篇文章充满超前的现代意识，"教育父母"这样的说法听起来有点扎耳，甚至有些"大逆不道"，但是仔细想想，不让父母在心理上掉队恐怕是对父母最用心的爱吧！文中有许多现在看来仍不过时的观点，亲爱的读者朋友，读完这篇文章后不妨也和父母来一次聊天。

多年父子成兄弟①

汪曾祺 著

这是我父亲的一句名言。

父亲是个绝顶聪明的人。他是画家，会刻图章，画写意花卉。他会摆弄各种乐器，弹琵琶，拉胡琴，笙箫管笛，无一不通。

父亲是个很随和的人，我很少见他发过脾气，对待子女，从无疾言厉色。他爱孩子，喜欢孩子，爱跟孩子玩，带着孩子玩。我的姑妈称他为"孩子头"。春天，不到清明，他领一群孩子到麦田里放风筝，放的是他自己糊的蜈蚣。放风筝的线是胡琴的老弦。老弦结实而轻，这样风筝可笔直地飞上去，没有"肚儿"。他会做各种灯。用浅绿透明的"鱼鳞纸"扎了一只纺织娘，栩栩如生。在小西瓜上开小口挖净瓜瓤，在瓜皮上雕镂出极细的花纹，做成西瓜灯。

父亲对我的学业是关心的，但不强求。我小时上学，国文成绩一直是全班第一。我的作文，时得佳评，他就拿出去到处给人看。我的数学

---

①选自《老头儿汪曾祺：我们眼中的父亲》，中国人民大学出版社，2000年版。

不好，他也不责怪，只要能及格，就行了。我小时候字写得不错，他倒是给我出过一点主意。在我写过一阵《圭峰碑》和《多宝塔》以后，他建议我写写《张猛龙》。我初中时爱唱戏，唱青衣，在家里，他拉胡琴，我唱。学校开同乐会，他应我的邀请，到学校给我去伴奏。父亲那么大的人陪着几个孩子玩了一下午，还挺高兴。我十七岁初恋，暑假里，在家写情书，他在一旁瞎出主意。我十几岁就学会了抽烟喝酒。他喝酒，给我也倒一杯。抽烟，一次抽出两根，他一根我一根。他还总是先给我点上火。我们的这种关系，他人或以为怪。父亲说："我们是多年父子成兄弟。"

我和儿子的关系也是不错的。我戴了"右派分子"的帽子下放张家口农村劳动，儿子那时从幼儿园刚毕业，刚刚学会汉语拼音，用汉语拼音给我写了第一封信。我也只好赶紧学会汉语拼音，好给他回信。"文化大革命"期间，我被打成"黑帮"，送进"牛棚"。偶尔回家，孩子们对我还是很亲热。我的老伴告诉他们："你们要和爸爸'划清界限'。"儿子反问母亲："那你怎么还给他打酒？"只有一件事，两代之间，曾有分歧。他下放山西忻县"插队落户"，按规定，春节可以回京探亲。不料他带回了一个同学。他这个同学的父亲是一位正受林彪迫害，搞得人囚家破的空军将领。这个同学在北京已经没有家，按照规定是不能回北京的。但是这孩子很想回北京，在一伙同学的秘密帮助下，我的儿子就偷偷地把他带回来了。他连"临时户口"也不能上，是个"黑人"。我们留他在家住，等于"窝藏"了他，公安局随时可以来查户口，街道办事处的大妈也可能举报。当时人人自危，自顾不暇，惹了这么一个麻烦，使我们非常为难。我和老伴把他叫到我们的卧室，对他的冒失行为表示很不满。我的儿子哭了，哭得很委屈，很伤心。我们当时立刻明白了：他是对的，我们是错的。我们这种怕担干系的思想是庸俗的。我们对儿子和同学之间的义气缺乏理解，对他的感情不够尊重。

他的同学在我们家一直住了四十多天，才离去。

对儿子的几次恋爱，我采取的态度是"闻而不问"。了解，但不干涉。

我的孩子有时叫我"爸"，有时叫我"老头子"！连我的孙女也跟着叫。我的亲家母说这孩子"没大没小"。我觉得一个现代化的、充满人情味的家庭，首先必须做到"没大没小"。父母叫人敬畏，儿女"笔管条直"，最没有意思。

儿女是属于他们自己的。他们的现在，和他们的未来，都应由他们自己来设计。一个想用自己理想的模式塑造自己的孩子的父亲是愚蠢的，而且，可恶！另外，作为一个父亲，应该尽量保持一点童心。

导读

　　汪曾祺（1920—1997），中国当代作家、散文家、戏剧家、京派作家的代表人物。被誉为"抒情的人道主义者""中国最后一个士大夫"。他出身于书香门第，毕业于西南联合大学，师从现代著名作家沈从文。代表作有小说《受戒》等、散文集《蒲桥集》等。参与过京剧《沙家浜》的修改加工。

　　他生于江南，居于京城，遍历战乱，饱尝荣辱，却用一生的沉淀写出至淡至浓的优雅与情致。他曾这样描述自己理想的散文：记人事、写风景、谈文化、述掌故、兼及草木虫鱼、瓜果食物，皆有情致。间作小考证，亦可喜。娓娓而谈，态度亲切，不矜持作态。文求雅洁，少雕饰。

　　这篇文章秉承了汪曾祺一贯的散文写作风格，如话家常之中，我们看到了两位性情随和、宽厚自省的父亲形象，看到了建立在平等、尊重、理解、包容基础上的三代两对新型父子关系，看到了一个现代化的、充满人情味的家庭。这篇散文实际上涉及中国社会与文化的一个大问题，即人伦与家庭。读者朋友读完这篇文章，不妨跳出来反观一下自己的生活，想想如何处理好自己的家庭关系。

获得教养的途径①

[瑞士]赫尔曼·黑塞 著　杨能武 译

　　真正的修养不追求任何具体的目的，一如所有为了自我完善而做出的努力，本身便有意义。对于"教养"也即精神和心灵的完善的追求，并非朝向某些狭隘目标的艰难跋涉，而是我们的自我意识的增强和扩展，使我们的生活更加丰富多彩，享受更多更大的幸福。因此，真正的修养一如真正的体育，同时既是完成又是激励，随处都可到达终点却从不停歇，永远都在半道上，都与宇宙共振，存在于永恒之中。它的目的不在于提高这种或那种能力和本领，而在于帮助我们找到生活的意义，正确认识过去，以大无畏的精神迎接未来。

　　为获得真正的教养可以走不同的道路。最重要的途径之一，就是研读世界文学，就是逐渐地熟悉掌握各国的作家和思想家的作品，以及他们在作品中留给我们的思想、经验、象征、幻象和理想等巨大财富。这

①节选自《黑塞说书》，杨武能译，《读书》杂志1990年第4期、1991年第3期。标题为编者所加。

条路永无止境，任何人也不可能在什么时候将它走到头；任何人也不可能在什么时候将哪怕仅仅只是一个文化发达的民族的全部文学通通读完并深入了解，更别提整个人类的文学了。然而，对思想家或作家的每一部杰作的深入理解，都会使你感到满足和幸福——不是因为获得了僵死的知识，而是有了鲜活的意识和理解。对于我们来说，问题不在于尽可能地多读和多知道，而在于自由地选择我们个人闲暇时能完全沉溺其中的杰作，领略人类所思、所求的广阔和丰盈，从而在自己与整个人类之间，建立起息息相通的生动联系，使自己的心脏随着人类心脏的跳动而跳动。这，归根到底是一切生活的意义，如果活着不仅仅为着满足那些赤裸裸的需要的话。读书绝不是要使我们"散心消遣"，倒是要使我们集中心智；不是要用虚假的慰藉来麻痹我们，使我们对无意义的人生视而不见，而是正好相反，要帮助我们将自己的人生变得越来越充实、高尚，越来越有意义。

　　世界文学的辉煌殿堂对每一位有志者都敞开着，谁也不必对它收藏之丰富而望洋兴叹，因为问题不在于数量。有的人一生中只读过十来本书，却仍然不失为真正的读书人。还有人见书便生吞下去，对什么都能说上几句，然而一切努力全都白费。因为教养得有一个可教养的客体作为前提，那就是个性或人格。没有这个前提，教养在一定意义上便落了空，纵然能积累某些知识，却不会产生爱和生命。没有爱的阅读，没有敬重的知识，没有心的教养，是戕害性灵的最严重的罪过之一。

　　当今之世，对书籍已经有些轻视了。为数甚多的年轻人，似乎觉得舍弃愉快的生活而埋头读书，是既可笑又不值得的；他们认为人生太短促、太宝贵，却又挤得出时间一星期去泡六次咖啡馆，在舞池中消磨许多时光。是啊，"现实世界"的大学、工厂、交易所和游乐地不管多么生机勃勃，可整天待在这些地方，难道就比我们一天留一两个小时去读古代哲人和诗人的作品，更能接近真正的生活吗？不错，读得太多可能有害，书籍可能成为生活的竞争对手。但是尽管如此，我仍然不反对任何人倾心于书。让我们每个人都从自己能够理解和喜爱的作品开始阅读吧！但单靠报纸和偶然得到的流行文学，是学不会真正意义上的阅读的，必须读杰作才行。杰作常常不像时髦读物那么适口，那么富于刺激性。杰作需要我们认真对待，需要我们在读的时候花力气、下功夫⋯⋯

我们先得向杰作表明自己的价值，才会发现杰作的真正价值。

每一年，我们都看见成千上万的儿童走进学校，开始学写字母，拼读音节。我们总发现多数儿童很快就把会阅读当成自然而无足轻重的事，只有少数儿童才年复一年，十年又十年地对学校给予自己的这把金钥匙感到惊讶和痴迷，并不断加以使用。他们为新学会的字母而骄傲，继而又克服困难，读懂一句诗或一句格言，又读懂第一则故事，第一篇童话。当多数缺少天赋的人将自己的阅读能力很快就只用来读报上的新闻或商业版时，少数人仍然为字母和文字的特殊魅力所疯魔。（因为它们古时候都曾经是富有魔力的符箓和咒语。）这少数人就将成为读书家。他们儿时便在课本里发现了诗和故事，但在学会阅读技巧之后并不背弃它们，而是继续深入书的世界，一步一步地去发现这个世界是何等广大恢宏，何等气象万千和令人幸福让人神往！最初，他们把这个世界当成一所小小的美丽幼儿园，园内有种着郁金香的花坛和金鱼池；后来，幼儿园变成了城里的大公园，变成了城市和国家，变成了一个洲乃至全世界，变成了天上的乐园和地上的象牙海岸，永远以新的魅力吸引着他们，永远放射着异彩。昨天的花园、公园或原始密林，今天或明天将变为一座庙堂，一座有着无数的殿宇和院落的庙堂；一切民族和时代的精神都聚集其中，都等待着新的召唤和复苏。对于每一位真正的阅读者来说，这无尽的书籍世界都会是不同的样子，每一个人还将在其中寻觅并且体验到他自己。这个从童话和印第安人故事出发，继续摸索着走向莎士比亚和但丁；那个从课本里第一篇描写星空的短文开始，走向开普勒或者爱因斯坦……通过原始密林的路有成千上万条，要达到的目的也有成千上万个，可没有一个是最后的终点，在眼前的终点后面，又将展现出一片片新的广阔的原野……

这儿还根本未考虑世上的书籍在不断地增多！每一个真正的读书家都能将现有的宝藏再研究苦读几十年，并为之欣悦不已，即使世界上不再增加任何一本书。我们每学会一种新的语言，都会增长新的体验——而世界上的语言何其多啊！可就算一个读者不再学任何新的语言，甚至不再去接触他以前不知道的作品，他仍然可以将他的阅读无休止地进行下去，使之更精、更深。每一位思想家的每一部著作，每一位诗人的每一首诗篇，过一些年都会对读者呈现出新的、变化了的面貌，都将得到新的理解，在他心中唤起新的共鸣。我年轻时初次读歌德的《亲和力》只是似懂非懂，现在我大约第五次重读它了，它完全成了另一本书！这类经验的神秘和伟大之处在于：我们越是懂得精细、深入和举一反三的阅读，就越能看出每一种思想和每一部作品的独特性、个性和局限性，看出它全部的美和魅力正是基于这种独特性和个性。与此同时，我们却相信自己越来越清楚地看到，世界各民族的成千上万种声音都追求同一个目标，都以不同的名称呼唤着同一些神灵，怀着同一些梦想，忍受着同样的痛苦。在数千年来不计其数的语言和书籍交织成的斑斓锦缎中，在一些突然彻悟的瞬间，真正的读者会看见一个极其崇高的超现实的幻象，看见那由千百种矛盾的表情神奇地统一起来的人类的容颜。

导读

　　赫尔曼·黑塞（1877—1962），德国作家，诗人。他是20世纪世界文学史上的重要作家，也是一位有特色的思想家，对中国与中国文化有浓厚的兴趣和特殊的感情。他始终秉持和平主义、人道主义精神，追求、捍卫人类文化的多样性，继承、发扬欧洲文化的优秀传统。他一生创作颇丰，涉及小说、散文、诗歌、评论等，曾获多种文学荣誉，1946年获诺贝尔文学奖。主要作品有《彼得·卡门青》《荒原狼》《东方之旅》等。

　　写作、阅读、藏书是黑塞人生中三个互为推进的支点。年轻时，赫尔曼·黑塞就已遍读多国文学作品，对艺术史、语言、哲学着实下了一番功夫。广泛的阅读令他受益良多。在这篇文章中，黑塞认为，获得真正的教养的最重要的途径之一就是研读世界文学中的杰作，而这些都是为了完善自我，寻找到生活的意义，认识过去，迎接未来。黑塞对于书籍和读书的独到见解也体现在这篇文章中，文中关于阅读的精彩论述比比皆是，足以唤醒我们对精神追求的渴望。